SU TROTSKY Y EL NUESTRO

Su Trotsky y el nuestro

JACK BARNES

Pathfinder

NUEVA YORK   LONDRES   MONTREAL   SYDNEY

EDICIÓN: Steve Clark y Mary-Alice Waters

Copyright © 1983, 2002 por Pathfinder Press
Derechos reservados conforme la ley. All rights reserved.

ISBN 978-0-87348-953-9
Número de control de la Biblioteca del Congreso
(Library of Congress Control Number) 2002107148

Impreso y hecho en Canadá. Manufactured in Canada

Primera edición, 2002
Sexta impresión, 2022

DISEÑO DE PORTADA: Eric Simpson

CUADRO DE LA PORTADA: Robert Motherwell, *La ventana al jardín (Abierta no. 110)*, 1969. 60 ¼" x 40 ⅛" x 2", acrílico en lienzo. Colección del Museo de Arte Moderno en Fort Worth, Compra del Museo, The Friends of Art Endowment Fund. © Dedalus Foundation, Inc. / Permiso por VAGA, Nueva York, NY.

PATHFINDER
www.pathfinderpress.com
Correo electrónico: pathfinder@pathfinderpress.com

CONTENIDO

Sobre el autor   9

Introducción
por Jack Barnes   11

La prueba de revoluciones vivas   33

**Marxismo, bolchevismo y
la Internacional Comunista**   63

Lecciones de la Revolución Rusa   91

Una herencia programática irremplazable   119

El gobierno de trabajadores y agricultores   137

**Proletarización y
continuidad comunista hoy**   163

Notas   183

Índice   193

TAMBIÉN DE JACK BARNES

LIBROS Y FOLLETOS

El viraje a la industria: Forjando un partido proletario (2020)
El historial antiobrero de los Clinton (2016)
¿Son ricos porque son inteligentes? Clase, privilegio y aprendizaje en el capitalismo (2016)
Malcolm X, la liberación de los negros y el camino al poder obrero (2009)
Cuba y la revolución norteamericana que viene (2007)
Malcolm X habla a la juventud (2002)
La clase trabajadora y la transformación de la educación (2000)
El desorden mundial del capitalismo (2000)

DE LAS PÁGINAS DE 'NUEVA INTERNACIONAL'

Ha comenzado el invierno largo y caliente del capitalismo (2005)
Nuestra política empieza con el mundo (2005)
El imperialismo norteamericano ha perdido la Guerra Fría (1999)
Los cañonazos iniciales de la tercera guerra mundial (1991)
La política de la economía: Che Guevara y la continuidad marxista (1991)
The Fight for a Workers and Farmers Government in the US (1985)

COLECCIONES E INTRODUCCIONES

Los tribunos del pueblo y los sindicatos (2019)
Rebelión Teamster/Dobbs (2004)
La historia del trotskismo americano/Cannon (2002)
The Eastern Airlines Strike/E. Mailhot (1991)
FBI on Trial (1988)

En inglés:
El juicio contra el FBI
La huelga contra la aerolínea Eastern
En defensa del centralismo revolucionario
Estrategia revolucionaria en la lucha contra la guerra de Vietnam
Cartas desde la prisión
Marxismo y terrorismo
La estrategia leninista para forjar un partido

SOBRE EL AUTOR

JACK BARNES ha sido secretario nacional del Partido Socialista de los Trabajadores desde 1972. Es también editor contribuyente de *New International* (Nueva Internacional), una revista de política y teoría marxistas, y autor de muchos libros, folletos y artículos.

Un organizador del Comité Pro Trato Justo a Cuba y de acciones en defensa de los derechos de los negros, Barnes se unió a la Alianza de la Juventud Socialista en 1960 y al Partido Socialista de los Trabajadores en 1961. En 1965 fue elegido presidente nacional de la AJS y pasó a ser director del trabajo del PST y de la AJS en el creciente movimiento contra la guerra de Vietnam. Ha sido miembro del Comité Nacional del Partido Socialista de los Trabajadores desde 1963 y un oficial nacional del partido desde 1969. Ha desempeñado responsabilidades centrales para la labor internacional del partido por casi 40 años.

A partir de mediados de la década de 1970, Barnes dirigió el viraje político del Partido Socialista de los Trabajadores hacia las oportunidades de incorporar a la abrumadora mayoría de sus miembros y dirigentes a la clase obrera industrial y a los sindicatos industriales. Desde esa base, los miembros del partido han construido el movimiento comunista, a la vez que de forma activa se han empeñado junto a compañeros de labores en esfuerzos destinados a transformar los sindicatos en instrumentos revolucionarios de lucha que defiendan no solo a sus propios miembros, sino los intereses de trabajadores y agricultores por todo el mundo. En *El rostro cambiante de la política en Estados Unidos* se da constancia del período 1978–91 de esta labor.

Desde 1998 Barnes ha dirigido la campaña del PST y de sus organizaciones hermanas a nivel internacional para que aprovechen esos avances, respondiendo a las oportunidades creadas por el endurecimiento de la resistencia y las acciones de sectores vanguardia de trabajadores y agricultores que hacen frente a la ofensiva de los patrones para aumentar sus ganancias a expensas de los productores. El comienzo de este esfuerzo político, y de los ajustes que el partido viene haciendo en sus formas organizativas entre el pueblo trabajador envuelto en estas luchas, se recoge en "Un cambio marino en la política obrera", primer capítulo de *El desorden mundial del capitalismo*. La continuidad de esta campaña con la lucha por un partido proletario en nuestra época se registra en el presente libro, así como en *Cuba y la revolución norteamericana que viene*, y en el prefacio de la edición de 2002 de *La historia del trotskismo americano, 1928–38*.

Introducción

POR JACK BARNES

HASTA LA FECHA guardo un recuerdo vivo de cuando observaba a las mil personas congregadas en el auditorio del Instituto Tecnológico de Illinois en Chicago, la víspera de Año Nuevo de 1982–83. Era la segunda noche de una conferencia educativa socialista realizada conjuntamente con el vigésimo segundo congreso nacional de la Alianza de la Juventud Socialista. Había titulado la charla que se me había pedido presentar "Su Trotsky y el nuestro", pero la reunión de esa noche no era sobre León Trotsky. Era sobre los miembros del Partido Socialista de los Trabajadores, jóvenes socialistas, compañeros de trabajo y partidarios del partido: sobre lo que habían logrado, lo que habían llegado a ser, en medio de trascendentales sucesos mundiales a los que habían respondido durante el lustro anterior. Era sobre la revolución norteamericana que viene.

Unos cuatro años antes, a comienzos de 1978, el Partido Socialista de los Trabajadores había realizado un viraje político para situar a la mayoría de nuestros cuadros y dirigentes dentro de la clase obrera industrial y los sindicatos industriales. Estábamos deshaciéndonos de formas residuales de lo que Farrell Dobbs llamaba la "existencia semisectaria" que se nos había impuesto desde el repliegue de la clase trabajadora al final de la década de 1940 y la expansión del capital financiero en la posguerra. Habíamos empezado a reconstruir unidades organizadas de miembros del partido en los sindicatos industriales: fracciones sindicales a nivel nacional. La labor política comunista en el movimiento obrero la estaban llevando a cabo mujeres y hombres que en su mayoría habían sido reclutados al partido revolucionario en las dos décadas anteriores como jóvenes socialistas que participaban activamente en las luchas por los derechos de los negros y los chicanos, en el movimiento contra la guerra de Vietnam, en la defensa y difusión de las ideas de Malcolm X, en las luchas por la liberación de la mujer y en la defensa de la Revolución Cubana. Ante todo, estaban resueltos a emular la intransigencia y el *esprit de corps* de los que hicieron la Revolución Cubana. Estas eran las personas que conformaban la gran mayoría de los presentes en el auditorio. Disfrutaban de la política proletaria; anticipaban con gusto enfrascarse en combate de clases.

En esos momentos el PST y la AJS se dedicaban de lleno a difundir la verdad sobre las revoluciones populares que avanzaban en Granada y Nicaragua, y a defender los gobiernos de trabajadores y agricultores de esos países contra el sabotaje económico, los operativos de la CIA y las agresiones militares perpetrados por Washington. Menos de cuatro años antes, en 1979, estos regímenes habían llegado al poder mediante luchas revolucionarias y con esas victorias se habían transformado las posibilidades de extender la revolución socialista en las Américas, iniciada dos décadas atrás con el triunfo en Cuba. La lucha de liberación en El Salvador había recibido un impulso poderoso con la victoria nicaragüense. Al otro lado del mundo, el "Trono del Pavo Real" del sha de Irán —el bastión más fuerte del imperialismo norteamericano en el Golfo Arábigo-Pérsico— también había sido derrocado por una insurrección popular de masas a comienzos de 1979. La histórica victoria del pueblo vietnamita contra la guerra asesina de Washington seguía siendo parte de nuestra experiencia común, y nuestra lucha para que Washington sacara a sus tropas seguía fresca en nuestra mente. Las fuerzas libertadoras en África austral, con la ayuda de un poderoso contingente de voluntarios de las Fuerzas Armadas Revolucionarias de Cuba, realizaban nuevos avances.

Los trabajadores socialistas en Estados Unidos participábamos de lleno en las luchas del pueblo trabajador contra las demandas de concesiones por parte de los patrones. Estábamos haciendo campaña dentro y fuera de los sindicatos, y entre trabajadores, agricultores y jóvenes, a fin de promover la solidaridad con el pueblo trabajador y con sus batallas revolucionarias en Centroamérica y el Caribe, y estábamos llevando a compañeros de trabajo a esos países para que vieran con sus propios ojos. El *Militant* y *Perspectiva Mundial* se habían convertido en las fuentes más fiables de información exacta sobre estas revoluciones, y el partido estaba haciendo esfuerzos especiales para vender estos periódicos en el trabajo y a las entradas de fábricas y minas. La editorial Pathfinder Press estaba expandiendo la publicación de escritos y discursos de Fidel Castro y Ernesto Che Guevara, así como las palabras de los dirigentes del gobierno de trabajadores y agricultores en Nicaragua y las de Maurice Bishop en Granada (y poco después, con la revolución de Burkina Faso en África occidental, las palabras de su destacado dirigente Thomas Sankara).

El Partido Socialista de los Trabajadores se estaba volviendo más proletario tanto en su composición —en la vida cotidiana— como en su programa. Las revoluciones que se desarrollaban en Centroamérica y el Caribe de nuevo recalcaban para nosotros cómo, con una dirección obrera, el pueblo trabajador puede usar un gobierno de trabajadores y agricultores para avanzar hacia la expropiación de los explotadores y opresores, la instauración de la dictadura del proletariado. Conforme vivíamos estas luchas revolucionarias día a día, nos volvíamos más aptos para extraer claridad y fuerzas de nuestra herencia política comunista. Podíamos ver y entender más a fondo y aplicar con mayor confianza la continuidad de nuestro programa y estrategia, un programa y una estrategia que se remontan a los orígenes del movimiento obrero comunista moderno en 1847–48, cuando Carlos Marx y Federico Engels asumieron por primera vez responsabilidades directivas en una organización obrera revolucionaria. Estábamos sedientos para dotarnos mejor de las conquistas programáticas y estratégicas de la Internacional Comunista, establecida 60 años atrás bajo la dirección de Lenin y del victorioso partido bolchevique.

El PST había iniciado en 1980 una escuela de dirección donde dos veces al año cerca de una docena de miembros del Comité Nacional que dirigían el viraje a la industria se tomaban seis meses, alejados de otras responsabilidades del partido, para estudiar los escritos políticos de Marx y Engels y, como incentivo adicional, estudiar español también. Durante el año que precedió la reunión de Chicago aquella noche de Año Nuevo, todas las ramas del partido habían empezado a organizar escuelas en las que cada miembro, joven socialista y candidato para militante en su localidad participaba en el estudio sistemático de las obras políticas de Lenin, incluidos los informes y las resoluciones de la Comintern a los que, entre 1919 y 1922, él y León Trotsky, más que cualquier otro, habían dado forma.

En cierto sentido, la noche era como una graduación para todos los que, abarcando todas las generaciones del partido, habíamos acometido juntos y de manera sistemática el primer ciclo en las escuelas de Lenin. Estas escuelas nos habían ayudado a comprender los fundamentos gemelos del bolchevismo: un programa comunista mundial y un cuadro proletario. Tras la muerte de Lenin a comienzos de 1924, León Trotsky había dirigido la lucha en el movimiento comunista mundial para continuar el curso bolchevique frente al ataque que una creciente casta burocrática en la Unión Soviética lanzaba contra esta trayectoria.

"En nuestra época, que es la época del imperialismo, es decir, de la economía *mundial* y de la política *mundial*", había escrito Trotsky en 1928 en su crítica de la trayectoria de Stalin, que era cada vez más nacionalista y colaboracionista de clases, "ni un solo partido comunista puede elaborar su programa partiendo exclusivamente o principalmente de las condiciones y tendencias de desarrollo en su propio país… Un programa comunista internacional no es jamás la suma total de los programas nacionales o una amalgama de sus rasgos comunes. El programa internacional debe partir directamente de un análisis de las condiciones y tendencias de la economía mundial y del sistema político mundial en su conjunto en todas sus conexiones y contradicciones, es decir, con la interdependencia mutuamente antagónica de sus distintas partes. En la época actual, en mucho mayor medida que en el pasado, la orientación nacional del proletariado debe y puede emanar solo de una orientación mundial y no viceversa".

"Su Trotsky y el nuestro" es una reafirmación de esa verdad. Y daba constancia de lo que los cuadros del Partido Socialista de los Trabajadores estábamos logrando a medida que nuestra vida se veía influida cada vez más por la participación en las luchas del pueblo trabajador en minas, plantas, fábricas y campos por todo Estados Unidos, y nuestra creciente colaboración e intercambio de experiencias e ideas con revolucionarios en otras partes de América y del mundo. Al mismo tiempo, era un tributo a los veteranos combatientes del partido, los que habían sido reclutados al comunismo durante las batallas obreras y los movimientos sociales obreros de la década de 1930, y quienes nos habían enseñado a actuar, y a vivir, como revolucionarios proletarios.

Unos meses más tarde, en la primavera de 1983, Mary-Alice Waters y yo viajamos en auto con Farrell Dobbs, el secretario nacional del partido desde 1953 hasta 1972, a King City, un pequeño pueblo californiano en el valle de Salinas, para alejarnos de las presiones de las responsabilidades cotidianas y trabajar con él para darle los toques finales al segundo tomo de la serie de libros que estaba escribiendo: *Revolutionary Continuity: Marxist Leadership in the U.S.* (Continuidad revolucionaria: liderazgo marxista en Estados Unidos). También queríamos obtener sus sugerencias políticas para la redacción de "Su Trotsky y el nuestro" con miras a publicarlo en la nueva revista de política y teoría marxistas, *New International* (Nueva Internacional). Estos fueron los dos últimos proyectos políticos de envergadura a los que Farrell pudo dedicarse antes de su muerte en octubre de ese año.

Mientras nos paseábamos una noche, Farrell nos dijo que él no habría podido escribir ese segundo tomo de *Con-*

tinuidad revolucionaria con algo que se aproximara a su vivacidad o carácter concreto, si no hubiese estado leyendo simultáneamente las selecciones de Lenin que las ramas del partido por todo el país estaban utilizando en sus escuelas. Volver a leer a Lenin era como una "ducha refrescante", dijo. Ese tomo de *Continuidad revolucionaria* relata la historia del nacimiento del movimiento comunista en Estados Unidos durante los primeros años de la república soviética de trabajadores y campesinos y de la Internacional Comunista.

Farrell abordaba los cambios que atravesaba nuestro movimiento a comienzos de la década de 1980, de la misma forma en que abordaba los sucesos históricos sobre los cuales estaba escribiendo, es decir, desde la óptica de forjar el liderazgo de partidos obreros comunistas capaces de dirigir al pueblo trabajador a la victoria. Según escribió en el prefacio a ese segundo tomo de *Continuidad revolucionaria*, "los esfuerzos del ala marxista del movimiento obrero para juntar los cuadros de un partido revolucionario proletario necesario para dirigir la lucha para poner fin al régimen capitalista, establecer un gobierno de trabajadores y agricultores, y abrir el camino a un orden socialista" son decisivos. Farrell dedicó el libro "A la dirección del Partido Comunista de Cuba", "A los hombres y mujeres del Movimiento de la Nueva Joya de Granada y del Frente Sandinista de Liberación Nacional de Nicaragua", y "A los heroicos combatientes del Frente Farabundo Martí para la Liberación Nacional" de El Salvador.

Otro aporte irremplazable a "Su Trotsky y el nuestro" lo hizo el veterano dirigente del partido Joseph Hansen. Joe terminó la introducción a su libro, *Dynamics of the Cuban Revolution* (Dinámica de la Revolución Cubana) en momentos en que generalizábamos el viraje a la industria en la primavera de 1978. Murió en enero de 1979, unos meses antes de las victorias en Granada y Nicaragua. Sin embargo, los aportes que había hecho a través de varias décadas, como parte de la dirección central del partido y del movimiento comunista mundial —sobre la cuestión programática clave que está al centro de "Su Trotsky y el nuestro", la naturaleza del gobierno de trabajadores y agricultores y su relación a la lucha del pueblo trabajador para derrocar las relaciones sociales capitalistas y establecer un estado obrero— proporcionaron las herramientas políticas que necesitábamos para entender y responder a esas revoluciones y aunar fuerzas con ellas como partidarios comunistas.

En la década de 1960, Joe había contribuido a abrir un camino para el liderazgo del PST hacia la comprensión de la dinámica política de los gobiernos de trabajadores y agricultores que llegaron al poder durante las revoluciones posteriores a la Segunda Guerra Mundial, especialmente en Yugoslavia, China, Argelia y Cuba. Llegó a la conclusión que estos regímenes de transición son "la primera forma de gobierno que puede anticiparse que surja como resultado de una exitosa revolución anticapitalista". Así había sido con el primer gobierno soviético establecido en octubre de 1917 bajo la dirección bolchevique en Rusia. Tras la Segunda Guerra Mundial, con las revoluciones en Yugoslavia y China, a pesar de sus direcciones estalinistas, habían surgido regímenes similares. (Debido al enorme peso del campesinado en la revolución china, Joe lo consideró el desafío teórico más grande de todos, y le llevó más tiempo —hasta 1969— llegar a quedar satisfecho de que su dinámica coincidía con el análisis de los gobiernos de trabajadores y agricultores.) Los gobiernos revolucionarios populares establecidos en Cuba en 1959 bajo la dirección del Ejército Rebelde y del Movimiento 26 de Julio, y en Argelia en 1962 bajo las fuerzas del Frente de Liberación Nacional dirigidas por Ahmed Ben Bella, confirmaron la pauta.

No obstante las diferencias en la estructura de clases y la capacidad de liderazgo en cada país, todos estos gobiernos fueron "la primera forma de gobierno... que surge como resultado de una exitosa revolución anticapitalista". Fueron una antesala a la dictadura del proletariado. Es decir, sirvieron de puente hacia el derrocamiento de las relaciones sociales capitalistas por parte del pueblo trabajador y la consolidación de un estado obrero, un instrumento con el cual avanzar a esa meta. Pero la historia también nos ha enseñado, recalcaba Joe —y como lo demostró el caso argelino— que el triunfo revolucionario inicial en sí no decide este desenlace. Dista de ser algo automático, dista mucho. La tarea central de la dirección comunista en dicho gobierno consiste en movilizar y elevar la conciencia política de una alianza combativa cada vez más fuerte de los trabajadores y agricultores, respondiendo a las iniciativas de las masas trabajadoras y dirigiéndolas a medida que éstas incursionan más profundamente contra los privilegios y las prerrogativas de la propiedad en manos de los latifundistas y capitalistas.

Al llegar a estas conclusiones —que se incorporaron a los informes y resoluciones aprobados por el Partido Socialista de los Trabajadores— Joe seguía recurriendo a las lecciones extraídas por la Internacional Comunista en la época de Lenin sobre la lucha por el poder y el *ejercicio* del poder. Ni Joe ni Farrell tenían edad suficiente como para haber participado en la política durante los primeros años de la Revolución Rusa. Pero ambos habían sido jóvenes miembros del partido a mediados de la década de 1930, cuando nuestro movimiento llegó a la conclusión, siguiendo la iniciativa de Trotsky, que la falta de oposición al ascenso de Hitler al poder demostraba que ya no era posible reformar la Comintern dirigida por Stalin, y en cambio volcamos nuestros esfuerzos a la construcción de una nueva internacional revolucionaria. El Partido Comunista alemán había dejado que la clase trabajadora fuera derrotada sin dar batalla, negándose a hacer campaña por un frente único con el Partido Socialdemócrata y los sindicatos a fin de enfrentar en combate a las bandas de matones nacionalsocialistas. Encima de esto, la Comintern y sus partidos ya estaban tan corrompidos políticamente que no hubo una rebelión entre sus filas contra la trayectoria desastrosa que condujo a la mayor derrota del siglo XX.

Trotsky había entrenado a Joe y a Farrell para que comprendieran que el nuevo movimiento mundial que se debía construir no necesitaba ni programa ni estrategia nuevos. Reúnan los informes y resoluciones forjados en la lucha por la dirección bolchevique de la Comintern, bajo la orientación política de Lenin, instruyó Trotsky a su secretariado en el exilio en 1933. *Ese* es nuestro programa.

James P. Cannon —uno de los dirigentes fundadores del PST que había sido pionero del comunismo estadounidense y delegado ante congresos de la Internacional Comunista— comenzó su libro *La historia del trotskismo americano: 1928–38 — Informe de un partícipe* precisamente con ese punto: "No tenemos ninguna revelación nueva: el trotskismo no es un nuevo movimiento, una nueva doctrina, sino la restauración, el renacimiento, del marxismo genuino, tal como se expuso y se practicó en la Revolución Rusa y en los primeros días de la Internacional Comunista".

Hace muchos años que nuestro movimiento dejó de referirse a sí mismo como trotskista. Las razones se explican en este libro. Pero hasta la fecha, aún no tenemos "ninguna revelación nueva". En realidad, ahora menos que nunca. A partir de la década de 1970, al ir ahondando nuestra proletarización, concretando nuestra comprensión de los gobiernos de trabajadores y agricultores, y solidarizándonos con el rumbo internacionalista proletario de la dirección de la Revolución Cubana, nosotros también hemos recurrido al historial político y a las conquistas del bolchevismo y de la Internacional Comunista en los tiempos de Lenin. "Su Trotsky y el nuestro" es fruto de ese curso político.

Cuando se presentó y se publicó por primera vez la charla, los dirigentes de la mayoría de las organizaciones en el mundo que se llamaban trotskistas —varias de las cuales enviaron al encuentro emisarios con grabadoras escondidas— la trataron como algo sensacional, prácticamente un escándalo. La dirección mayoritaria de la Cuarta Internacional, con la que el Partido Socialista de los Trabajadores mantenía en ese entonces una asociación fraternal, estaba entre ellos. Sin embargo, no resultó ser más que una tormenta en un vaso. Ninguno de los que expresaron la mayor indignación en realidad estaba interesado en las cuestiones políticas y estratégicas abordadas en estas páginas. Hacía mucho que se habían alejado de la lucha por un partido proletario. Habían rechazado la perspectiva de la lucha por gobiernos de trabajadores y agricultores. Ninguno de ellos intentó responder jamás a los argumentos aquí planteados. En los años subsiguientes, las posiciones programáticas y los métodos organizativos de la mayoría de los grupos de la Cuarta Internacional fueron teniendo cada vez menos que ver con los fundamentos marxistas y bolcheviques en los cuales nuestro movimiento mundial se había fundado medio siglo atrás, y sobre los cuales se basaban el PST y sus ligas comunistas hermanas en diversos países. Mucho antes de concluir la década de 1980 habíamos tomado rumbos distintos: ellos, más adentro del pantano centrista de la política radical de clase media, y nosotros, construyendo partidos proletarios e impulsando las perspectivas de una nueva internacional comunista.

Conforme el viraje a la industria amplió la vida y el trabajo cotidianos de los miembros del PST con capas más amplias y geográficamente más diversas del pueblo trabajador por todo Estados Unidos, volvimos a examinar la importancia central de la alianza de los trabajadores y los agricultores para las perspectivas revolucionarias en este país. En 1967 el partido había eliminado la palabra "agricultores" de la consigna del "gobierno de trabajadores y agricultores". Sin embargo, la participación cada vez mayor de los cuadros del partido en las luchas de los trabajadores en el campo y la ciudad durante las décadas de 1970 y 1980 —nuestras experiencias, como sindicalistas, con agricultores— nos convenció que eso había sido un error. Reconocimos que los agricultores tendrían un peso político sustancial en la construcción de cualquier movimiento revolucionario de masas en Estados Unidos, y que la alianza política de clases expresada en la consigna del gobierno de trabajadores y agricultores concretaba una trayectoria política necesaria para cualquier revolución proletaria victoriosa aquí. En nuestro congreso de 1984, el PST aprobó modificar el Artículo II de la constitución del partido para que afirmara: "El objetivo del partido será el de educar y organizar a la clase trabajadora a fin de establecer un gobierno de trabajadores y agricultores, que abolirá el capitalismo en Estados Unidos y se unirá a la lucha mundial por el socialismo".

◆

Al producirse esta edición por el vigésimo aniversario, junto con sus nuevas traducciones al español y al francés, "Su Trotsky y el nuestro" es una de las obras que se están estudiando y discutiendo en las escuelas de verano socialistas organizadas en diversas ciudades de Estados Unidos y a nivel internacional. Jóvenes socialistas y otros más participan al lado de comunistas veteranos del viraje a la industria y cuadros del partido de varias generaciones. El objetivo de la escuela, tal como se explica en el programa de estudio, "no es solo leer o releer un libro o un artículo, sino más bien abordar estas obras a través del prisma de las experiencias que hoy viven el partido y la Juventud Socialista en Estados Unidos y a nivel internacional, así como las oportunidades emergentes que podemos aprovechar".

Son esas experiencias y oportunidades, en realidad, las que parecieron empujarnos hacia esta nueva edición de "Su Trotsky y el nuestro".

Cuando una potencia imperialista se va a la guerra, se pone a prueba toda organización que dice hablar en nombre de los intereses de la clase trabajadora. Las que carecen de un programa comunista y una composición proletaria se ven sacudidas por las presiones patrióticas de la opinión pública burguesa, sucumben políticamente en menor o mayor grado ante ellas, o incluso comienzan a resquebrajarse ante los golpes.

A principios de 1991 el gobierno estadounidense libró una guerra brutal contra el pueblo de Iraq, en la que hasta

200 mil civiles y soldados iraquíes fueron muertos en el transcurso de seis semanas de bombardeos y ataques coheteriles diarios y una invasión de 100 horas. El desenlace de esa guerra asesina fue políticamente desmoralizador para los trabajadores y agricultores del mundo entero, más aún para aquellos en el propio Iraq, ya que el régimen iraquí, tras su indefensible invasión de Kuwait, prácticamente no organizó resistencia alguna contra el ataque final de Washington. Los gobernantes norteamericanos no lograron imponer un protectorado imperialista en Iraq a fin de compensar por la pérdida 12 años antes del régimen del sha en Irán —su objetivo en la guerra—, pero al mismo tiempo pagaron muy poco por su masacre no impugnada.

Gracias a las raíces que el Partido Socialista de los Trabajadores y otras Ligas Comunistas habían echado mediante el viraje a la clase obrera industrial y los sindicatos industriales durante más de una década, los cuadros de nuestras organizaciones pasaron la prueba de la Guerra del Golfo; en medio del conflicto se fueron adentrando con confianza en nuestra clase para llevar a cabo una campaña obrera contra el imperialismo y su guerra.

Desde finales de la década de 1990 ha venido aumentando la resistencia entre los trabajadores y agricultores de vanguardia en Estados Unidos. En otros países imperialistas, a excepción de Japón, se ha producido un cambio similar. Tardamos un poco en reconocer los pequeños conatos de estos cambios, ajustarnos a ellos, y comenzar a actuar en base a las nuevas oportunidades. La necesidad urgente de hacerlo fue la cuestión central que se le planteó a una conferencia conjunta del partido y de la Juventud Socialista celebrada en Los Angeles en diciembre de 1998. En la presentación sumaria que di en nombre de la dirección del PST en esa reunión, señalé la importancia política que para la construcción de nuestro movimiento tenían esas oportunidades inicialmente inconexas entre trabajadores de vanguardia de diversas industrias y regiones. Esa charla se publicó varios meses después, con el título "Un cambio marino en la política obrera", como el primer capítulo del libro *El desorden mundial del capitalismo*.

Se había vuelto evidente, subrayamos, que "sin importar el legado —en una industria, en un sindicato, en una región, entre cualquier sector de trabajadores—, sin importar cuán limitados hayan sido los resultados de luchas anteriores, lo que sucede ahora en cualquier lucha está cada vez menos conectado con derrotas anteriores. Para encontrar a los luchadores dentro de la clase trabajadora y entre sus aliados se le hace a uno cada vez más valioso recurrir a su visión periférica. Ellos a menudo están allí. Es como si te convirtieras en un buen pasador. Tienes que desarrollar tu visión periférica. ¡Tus compañeros de equipo están allí!"

En su prefacio de 1999 a la traducción al español de *The Changing Face of U.S. Politics* (El rostro cambiante de la política en Estados Unidos), que documenta el viraje del partido a la clase obrera industrial y los sindicatos industriales desde 1978 hasta principios de la década de 1990, Mary-Alice Waters ahondó más en este tema. Junto con "Un cambio marino en la política obrera", ese prefacio fue debatido en las ramas del partido y posteriormente aprobado como guía de acción en el congreso del PST de abril de 1999. El prefacio ya está incorporado a la nueva edición en inglés de 2002 de *El rostro cambiante de la política en Estados Unidos*, y aparece en la nueva edición de 2002 de la traducción al francés.

Las corrientes y los individuos de vanguardia que seguimos encontrándonos entre capas de trabajadores y agricultores, dice Waters, se van juntando

en el transcurso de esta resistencia… sedientos de solidaridad y de unidad en la lucha, sedientos de marchar hombro a hombro, a medida que reforzamos y aprendemos mutuamente de nuestras luchas contra los efectos de la esclavitud asalariada y la esclavitud de las deudas. A través de las acciones en las que estamos envueltos, aprendemos a conocernos y a confiar unos en otros. Encontramos formas de comunicarnos, aunque aún no conozcamos bien nuestras respectivas lenguas. Leemos y debatimos explicaciones y disyuntivas frente al futuro que —según lo anticipa cada vez más el pueblo trabajador— nos depara a todos el sistema capitalista.

Conforme hemos seguido estas líneas de resistencia entre el pueblo trabajador en la ciudad y el campo, también hemos demostrado el coraje de nuestras convicciones, modificando las formas organizativas del partido para responder a las necesidades políticas. Hemos establecido unidades nuevas y más pequeñas del partido en regiones del país donde hemos pasado a formar parte de capas de vanguardia de mineros del carbón, trabajadores de la costura y textiles, empacadores de carne y otros más que están enfrascados en luchas. Hemos reubicado librerías de modo que podamos organizar nuestra labor política desde distritos obreros en ciudades por todo el país. Donde hemos tenido ramas por muchos años, hemos usado estas unidades más pequeñas como modelo. Todas estas medidas nos están conduciendo cada vez más de lleno a las escaramuzas sindicales y a los brotes iniciales de movimientos sociales de nuestra clase y sus aliados que anuncian la resistencia obrera que va a surgir ante ataques capitalistas cada vez más violentos.

Al mismo tiempo, los jóvenes socialistas han estado conociendo a jóvenes en Estados Unidos y en otros países imperialistas que se ven atraídos a estas luchas proletarias, así como otros jóvenes envueltos en luchas contra la opresión y explotación imperialistas desde Haití hasta las islas de Kanaky (Nueva Caledonia) en el sur del Pacífico, desde países en todo el Medio Oriente y África hasta Venezuela y demás países de América. Las oportunidades para reclutar a camadas de estos jóvenes de disposición revolucionaria al comunismo han aumentado con la desintegración —a comienzos de la década de 1990— del movimiento estalinista mundial, el cual por más de seis décadas, bajo la bandera secuestrada del marxismo, había organizado desde un continente a otro derrotas de revoluciones, asesinatos de dirigentes proletarios y la desmoralización y despolitización de militantes profundamente envueltos en luchas de liberación nacional y por el socialismo.

Es sobre todo por estas razones que existe una necesidad y una demanda para una nueva edición de "Su Trotsky y el nuestro", la cual también va a aparecer casi simultáneamente en inglés y francés. Por estas razones se está estudiando en escuelas de verano socialistas a nivel nacional, junto con *El rostro cambiante de la política en Estados Unidos* y *La historia del trotskismo americano: 1928–38 — Informe de un partícipe* por James P. Cannon, que también se está produciendo simultáneamente en una nueva edición y, por primera vez, en español y francés.

◆

El texto y las notas de "Su Trotsky y el nuestro" se han hecho concordar con traducciones e impresiones posteriores y mejoradas de algunos de los materiales citados. Al convertirse más y más en la norma el hecho que muchos de los títulos de Pathfinder se editan simultáneamente en inglés, español y francés —para que los usen trabajadores que realizan su labor política en estos idiomas— el esfuerzo colectivo en torno a las traducciones también ayuda a aclarar y afinar políticamente ciertos elementos del original. A través de una labor editorial adicional se han incorporado los frutos de dicha labor y se han eliminado obstáculos innecesarios para leer y comprender "Su Trotsky y el nuestro" en la actualidad.

Desde las traducciones, pasando por la composición y las correcciones, hasta la impresión final del texto y las cubiertas, la publicación de libros como éste no sería posible sin los esfuerzos de cientos de voluntarios por el mundo quienes son miembros o partidarios organizados del movimiento comunista. Sin la proletarización del partido en el último cuarto de siglo, no podríamos haber mantenido y ampliado un programa editorial comunista y un taller de impresión que nos permite poner las lecciones inestimables de 150 años de lucha obrera en manos de combatientes de vanguardia que reconocen la necesidad de tener perspectivas políticas más amplias, no solo para luchar con éxito sino para vencer.

Tampoco habríamos podido forjar una organización auxiliar de partidarios del movimiento comunista a nivel mundial que ha acometido la preparación digital, las correcciones, la labor gráfica y otras tareas que se deben cumplir a fin de mantener disponibles libros y folletos revolucionarios y producir otros nuevos como éste de forma oportuna para responder a necesidades y oportunidades políticas urgentes.

Mucho ha sucedido en la política mundial desde que se editó por primera vez "Su Trotsky y el nuestro". Los sucesos de las dos últimas décadas —sucesos destructores de moldes— han acentuado tanto el carácter oportuno como la urgencia política de los puntos fundamentales que se tratan en estas páginas.

El gobierno de trabajadores y agricultores no avanzó ni en Granada ni en Nicaragua hacia la expropiación de los capitalistas y latifundistas y el establecimiento de un estado obrero. En octubre de 1983, el gobierno de trabajadores y agricultores en Granada fue derrocado en un golpe organizado por una facción estalinista en el Movimiento de la Nueva Joya. Fue asesinado el dirigente central de la revolución, Maurice Bishop, junto a decenas de dirigentes revolucionarios y ciudadanos granadinos. Para 1988, la dirección del Frente Sandinista de Liberación Nacional en Nicaragua se había unido en torno a un curso que echaba atrás de manera rotunda la trayectoria proletaria de los primeros años de la revolución. Con la derrota en Nicaragua, los avances revolucionarios en el vecino El Salvador pronto se erosionaron más y fueron echados atrás.

Nuestro movimiento ha producido, y ha hecho campaña enérgicamente para difundir, las obras que documentan estas luchas revolucionarias y las explicaciones marxistas de las lecciones de sus derrotas. Estos materiales se pueden encontrar en los libros de Pathfinder *Maurice Bishop Speaks* (Habla Maurice Bishop) y *Sandinistas Speak* (Hablan los sandinistas) y *El segundo asesinato de Maurice Bishop* por Steve Clark; así como en la revista *Nueva International*: "El ascenso y el ocaso de la revolución nicaragüense", una colección de informes y resoluciones aprobados por el Partido Socialista de los Trabajadores; y "El imperialismo norteamericano ha perdido la Guerra Fría" por Jack Barnes.

A pesar de esos golpes en Centroamérica y el Caribe, y a pesar de las enormes presiones políticas y económicas que se han ejercido sobre la Revolución Cubana en los últimos 12 años, millones de trabajadores y su dirección en Cuba siguen actuando como internacionalistas proletarios. Su valor, conciencia política, solidaridad de clase y determinación implacable continúan sentando un ejemplo revolucionario para los trabajadores y agricultores en todo el mundo, incluso aquí en Estados Unidos. "Ellos son comunistas. Y es lo que nosotros somos, también": esa simple frase sigue tan vigente hoy como cuando se le aseveró a los jóvenes socialistas y a otros en Chicago hace 20 años.

Al momento que este libro se lleva a la imprenta, a comienzos del verano de 2002, la administración del presidente George W. Bush, con amplio respaldo bipartidista, ha anunciado planes para tomar "acción preventiva" contra aquellos, dentro y fuera del país, a quienes los gobernantes norteamericanos califiquen de "terroristas" o vinculados a un "eje del mal" a nivel mundial. Después de detener sin cargos en cárceles norteamericanas a centenares de no ciudadanos, muchos por casi un año, Washington ahora ha empezado a poner también a ciudadanos estadounidenses en prisiones militares. Les niegan hasta los derechos constitucionales más elementales como saber qué cargos se les imputan, el acceso a asesoramiento legal o la presunción de la inocencia. Washington está preparando el terreno político y militar para tomar "acción preventiva" contra Iraq y otros gobiernos y pueblos que los gobernantes norteamericanos consideren lo suficientemente fuertes como para desarrollar defensas considerables contra los ataques de Washington.

La historia ha demostrado que organizaciones revolucionarias pequeñas van a enfrentar no solo la prueba severa de guerras y represión, sino las oportunidades potencialmente devastadoras que pueden surgir de forma inesperada —y explosiva— al estallar huelgas y luchas sociales. Al suceder esto, los partidos comunistas no solo reclutan muchos nuevos miembros. También se fusionan políticamente con otras organizaciones obreras que siguen el mismo rumbo, y crecen hasta convertirse en partidos proletarios de masas que contienden por dirigir a los trabajadores y agricultores al poder. Esto presupone que desde mucho antes sus cuadros han asimilado y se sienten cómodos con un programa y estrategia comunistas mundiales, son proletarios en su vida y su trabajo, derivan una satisfacción profunda —disfrutan— de la actividad política, y han forjado una dirección con un agudo sentido de lo próximo que toca hacer. Estos cuadros ya deben estar funcionando como parte de un partido proletario disciplinado, a tono con los trabajadores y agricultores que son blanco de los ataques de los patrones y su gobierno. De lo contrario, estas organizaciones se verán desorientadas y se resquebrajarán, tanto ante crisis demoledoras como ante oportunidades enormes.

Farrell Dobbs, Joe Hansen, Jim Cannon y otros dirigentes del Partido Socialista de los Trabajadores han sido todos firmes creyentes en el hecho de que jamás vamos a poder construir un partido de combate proletario en Estados Unidos si, para fraguar tácticas concretas y una línea política en la lucha de clases, empezamos a buscar a alguien que no sean las filas de nuestra propia organización. O, a la inversa, si empezamos a tratar de dictar programa y tácticas a trabajadores y jóvenes de disposición revolucionaria en otros países. Joe explicó este curso de conducta en su charla de 1975, *James P. Cannon: The Internationalist* (James P. Cannon: el internacionalista), un complemento inapreciable de "Su Trotsky y el nuestro".

El internacionalismo proletario entendido y llevado a cabo de esa forma —integrando a los cuadros del movimiento comunista a la creciente resistencia de los trabajadores y agricultores de vanguardia en Estados Unidos y el resto del mundo— es la esencia de lo que trata "Su Trotsky y el nuestro". Trata sobre la construcción de partidos proletarios y un nuevo movimiento comunista mundial en los que todas las contribuciones políticas de Marx, Engels, Lenin, Trotsky y demás dirigentes revolucionarios contemporáneos puedan ser estudiadas y aplicadas por militantes que proceden de orígenes políticos distintos y que se juzgan unos a otros, no a partir de ideas preconcebidas o prejuicios, sino a partir de hechos.

Trata, ante todo, sobre el irnos preparando a diario, junto a otros militantes, para las titánicas batallas de clases que tenemos por delante, y continuar transformándonos tanto a nosotros mismos como a nuestras organizaciones a medida que lo hacemos.

JUNIO DE 2002

La prueba de revoluciones vivas

DESDE QUE LA PRIMERA MATANZA imperialista mundial condujo a la victoria de los trabajadores y campesinos rusos bajo la dirección bolchevique en octubre de 1917, el avance, la defensa y la consolidación de la revolución socialista contra el sistema imperialista de explotación, opresión nacional y guerras de agresión han estado al centro de toda la política.

Centroamérica y el Caribe son hoy día el frente de batalla en esta lucha continua entre los explotadores y el pueblo trabajador. Es allí donde realmente se libra la guerra: una guerra contrarrevolucionaria contra el gobierno de trabajadores y campesinos dirigido por los sandinistas en Nicaragua; una guerra civil en El Salvador, entre la oligarquía capitalista-latifundista y las fuerzas de los trabajadores del campo y la ciudad bajo la dirección del Frente Farabundo Martí para la Liberación Nacional; presión militar, amenazas y operativos implacables por parte de la CIA contra el gobierno de trabajadores y agricultores en Granada y el Movimiento de la Nueva Joya, y contra Cuba revolucionaria y su dirección comunista. Esto está conduciendo hacia la regionalización de la guerra y a la intensificación de la lucha de clases por toda Centroamérica.

El imperialismo respalda en la región a todas las fuerzas de la tiranía y de la contrarrevolución. Brinda cantidades masivas de material bélico y asesores militares. Washington utiliza cada vez más de sus fuerzas militares directamente a medida que cada escalada previa resulta insuficiente para aplastar a los trabajadores y campesinos de Nicaragua y de El Salvador, revertir la trayectoria revolucionaria de Granada, o disuadir a Cuba de solidarizarse con estas luchas sin escatimar esfuerzos.

Estas guerras entre el imperialismo y las fuerzas que apoya, por un lado, y los oprimidos y explotados, por el otro, son guerras en torno a la extensión de la revolución socialista americana, iniciada con el triunfo en Cuba hace 24 años. Están en juego no solo El Salvador, Nicaragua y Granada, sino también el futuro mismo de Cuba. Está en juego todo.

Es también en Centroamérica y el Caribe donde actualmente se dan los debates más importantes sobre estrategia proletaria revolucionaria. Esto es importante no solo para los trabajadores de disposición revolucionaria en otras partes del Caribe y América Latina, sino también para aquellos que en Norteamérica y alrededor del mundo están construyendo partidos comunistas. Lo que ha ocurrido en Cuba desde 1959, y en Nicaragua y Granada desde 1979, es algo que no había acontecido desde el período de 1917 a 1923 en Rusia: revoluciones victoriosas dirigidas por fuerzas conscientemente dedicadas a organizar y movilizar a los trabajadores y a los agricultores pobres para derrocar las relaciones de propiedad capitalistas, reorganizar la sociedad siguiendo una trayectoria socialista, y ayudar a otros alrededor del mundo que también buscan librarse de la dominación y explotación imperialistas.

El Partido Comunista de Cuba, el Frente Sandinista de Liberación Nacional, el Movimiento de la Nueva Joya y el Frente Farabundo Martí para la Liberación Nacional están forjando de nuevo los vínculos políticos con el programa y la estrategia adoptados por la Internacional Comunista durante sus primeros años cuando estaba bajo una dirección comunista rusa que incluía a Nicolás Bujarin, Carlos Rádek, León Trotsky y Gregorio Zinóviev, y que estaba encabezada por Vladimir Lenin.

Lo ocurrido en este hemisferio en los últimos 25 años representa no solo el comienzo de la revolución socialista en América, lo cual de por sí ya es sumamente importante, sino además el resurgimiento de revolucionarios proletarios en el poder: por primera vez desde que la burocracia encabezada por los estalinistas puso fin a una dirección de este tipo en la Unión Soviética y borró el internacionalismo proletario de la Internacional Comunista hace más de medio siglo.

Los dirigentes del Partido Comunista de Cuba han tomado la iniciativa política en este proceso mediante su colaboración con revolucionarios por toda América. Junto al apoyo político y material que brindan a los combatientes revolucionarios, los dirigentes cubanos se valen de muchos otros medios —redactan artículos, organizan conferencias, presentan discursos— para dar impulso a sus esfuerzos para generalizar las lecciones de las luchas revolucionarias.

El Partido Socialista de los Trabajadores, con su legado político, y las organizaciones a las que estamos vinculados a nivel mundial, podemos brindar un aporte irremplazable a la convergencia política de aquellas fuerzas obreras que buscan dar impulso a la lucha revolucionaria contra el imperialismo y por la revolución socialista. Traemos nuestro aporte, no como una corriente que ostenta el poder estatal o que siquiera influye sobre algún ala importante del movimiento obrero o de una lucha de liberación nacional en algún país hoy en día. Somos comunistas que —además de los conceptos de Marx, Engels y Lenin que compartimos con otros revolucionarios— traemos también una rica apreciación de los esfuerzos de miembros de la dirección del Partido Comunista Ruso en torno a Lenin para mantener y aplicar un programa internacionalista y una estrategia proletaria revolucionaria contra los esfuerzos de la naciente casta burocrática dirigida por Stalin por destruirlos. Para finales de la década de 1920, entre los dirigentes bolcheviques centrales solo Trotsky fue capaz de continuar esa lucha, y nuestro movimiento es un núcleo político organizado de trabajadores cuyas raíces se remontan a esa lucha. Ese es *nuestro* Trotsky.

Sin embargo, para poder hacer este aporte, debemos clarificar la relación que tiene nuestro programa con lo que en nuestro movimiento se conoce como la teoría o estrategia de Trotsky de la *revolución permanente*.

En realidad, el término revolución permanente lo hemos utilizado de *tres* maneras desde 1928.

En un sentido amplio, revolución permanente nos ha servido como sinónimo del marxismo revolucionario en nuestra época. Para nosotros, ha significado la continuidad de los principios, estrategia y oposición comunistas genuinos, frente al curso político seguido por la casta burocrática privilegiada que consolidó su poder y sus privilegios contra la clase trabajadora y el campesinado pobre soviéticos. Ha sido la opción revolucionaria a la "segunda ola de menchevismo", al abandono del internacionalismo proletario por dicha casta y por sus seguidores en partidos estalinistas en el mundo. Ha significado el valor y vigencia de las lecciones de las revoluciones de 1905 y 1917 en Rusia, y la oposición a la subordinación política del movimiento obrero combativo a la burguesía liberal, al frentepopulismo y a la colaboración de clases.

En este sentido, no hay nada que separe la revolución permanente de las lecciones generales de Marx, Engels y Lenin, en las que se han basado todos los comunistas, incluido Trotsky. Nada la separa del uso que dio Marx a ese término en 1850, ni al uso que dio Lenin a la expresión *revolución ininterrumpida* antes de la Revolución Rusa de 1917. El uso de revolución permanente en este sentido sirve solo como una "marca" que nos diferencia de otros revolucionarios que comparten con nosotros estas ideas pero no nuestra terminología. Si éste fuera el único significado atribuido a dicho término, hace tiempo que se habría abandonado por superfluo y por prestarse a ser mal interpretado. Sin embargo, aquí están involucrados problemas más importantes. Por lo tanto, en lo que resta del artículo se va a dejar de lado este primer significado de revolución permanente.

El segundo uso que nuestro movimiento ha dado al término revolución permanente es para referirse a la posición de Trotsky previa a 1917 sobre la dinámica y estrategia de clases en la Revolución Rusa, *en contraposición* a la de la corriente bolchevique. Hemos sido de la opinión que sobre estas cuestiones particulares Trotsky tuvo razón frente a Lenin. En este sentido, seguimos las propias opiniones de Trotsky en el período posterior a 1928.

Usada en este segundo sentido, la revolución permanente

es incorrecta. Las opiniones de Trotsky anteriores a 1917 eran revolucionarias respecto de las de los mencheviques, quienes confiaban en la burguesía liberal en Rusia. Sin embargo, en la medida que la estrategia de Trotsky difería de la de Lenin, subestimaba la alianza de los trabajadores con el conjunto del campesinado —sus capas pobres, medias y altas— en la lucha contra el zarismo y el latifundismo en Rusia. Presentaba una perspectiva menos acertada de cómo se desarrollaría la lucha de clases, incluso cómo se desarrollarían conflictos entre las diferentes capas del campesinado conforme la clase obrera asumiera la dirección de los trabajadores agrícolas y de los campesinos pobres para profundizar el curso socialista de la revolución. Por tanto, Trotsky tenía una comprensión menos acertada de la relación entre las revoluciones democrática y socialista en Rusia, y de las fuerzas de clases y las tareas del proletariado en la transición de las tareas democráticas a las tareas socialistas.

Si bien no existe una correlación directa entre estrategia global y posiciones políticas concretas, un error estratégico que no se corrija durante un período de tiempo generará posiciones políticas erradas. Durante unos 15 años de actividad previa a 1917, Trotsky cometió errores políticos importantes respecto al programa agrario del proletariado revolucionario, el enfoque de este último hacia la lucha contra la opresión nacional así como su política respecto a la lucha contra la guerra imperialista. Trotsky equivocadamente consideró como prueba de sectarismo, faccionalismo e inflexibilidad la firmeza política y la disciplina organizativa de los bolcheviques, mientras que él mismo mantuvo una actitud conciliadora hacia los mencheviques y se adaptó políticamente a ellos durante coyunturas importantes en la lucha de clases.

Hay un tercer significado que nuestro movimiento le ha dado a revolución permanente. Entre 1928 y 1940, cuando Trotsky aún estaba vivo, y desde entonces, hemos usado el término para describir las posiciones políticas de nuestro movimiento, especialmente con respecto a la lucha de clases en las naciones oprimidas, que se basan en (e incorporan) específicamente las posiciones estratégicas de Trotsky en el período anterior a 1917, en contraposición a las de los bolcheviques.

Este uso de revolución permanente nos plantea el principal problema *político,* porque ha introducido en nuestro movimiento debilidades asociadas con la errada teoría de Trotsky previa a 1917. Sobre todo, ha resultado en una tendencia a concentrarse solamente en la alianza del proletariado con los trabajadores agrícolas y campesinos pobres contra los explotadores rurales —sin duda una tarea central en el campo—, al grado de excluir la importancia central que tiene la alianza del proletariado con los sectores más amplios posibles de los productores rurales en la lucha contra el imperialismo y contra los regímenes capitalistas-latifundistas en el mundo colonial. La lucha de clases a nivel mundial desde la Segunda Guerra Mundial, incluso en este hemisferio desde 1959, debería de convencernos de que en la medida que quienes se identifican con el trotskismo actúan acordes con estas debilidades de la teoría de la revolución permanente de Trotsky, se da cabida a prejuicios izquierdistas y a errores políticos sectarios.

La revolución permanente no contribuye hoy día a que nos armemos, ni nosotros ni otros revolucionarios, para dirigir a la clase trabajadora y sus aliados a la toma del poder y a utilizar ese poder para dar impulso a la revolución socialista mundial. Como marco de referencia especial o único es un obstáculo para reconstruir nuestra continuidad política con Marx, Engels, Lenin y los primeros cuatro congresos de la Internacional Comunista. En nuestro movimiento ha sido un obstáculo para la lectura objetiva de los maestros del marxismo, en particular de los escritos de Lenin.

Si hemos de aprender lo que podamos como parte de la convergencia política que se está dando entre revolucionarios proletarios en el mundo hoy día, y si hemos de traer a ese proceso los enormes aportes políticos de Trotsky, entonces nuestro movimiento debe desechar la revolución permanente. Si no lo hacemos, vamos a terminar sacrificando la esencia misma de la contribución política de Trotsky: su lucha, durante su último exilio, por construir un movimiento obrero revolucionario comprometido a continuar y desarrollar el comunismo genuino contra sus distorsiones socialdemócratas, estalinistas y centristas. Es más, dificultaremos nuestro propio progreso hacia una integración más plena en las organizaciones y las luchas de la clase trabajadora y sus aliados oprimidos y explotados.

Debemos tener una visión de nosotros mismos y de nuestras contribuciones que corresponda con lo explicado hace 40 años por James P. Cannon, un dirigente fundador de nuestro movimiento en Estados Unidos. En la primera página de su *Historia del trotskismo americano, 1928–38*, Cannon subrayó, "No tenemos ninguna revelación nueva: el trotskismo no es un nuevo movimiento, una nueva doctrina, sino la restauración, el renacer, del marxismo genuino, tal como se expuso y se practicó en la Revolución Rusa y en los primeros días de la Internacional Comunista".[1]

Si seguimos este consejo de Cannon, entonces podemos

[LAS NOTAS COMIENZAN EN LA PÁGINA 183]

avanzar en la reconquista de nuestra continuidad política con el bolchevismo y la Internacional Comunista bajo la dirección de Lenin. Es sobre esa base que debemos construir.

Al llevar a cabo esta tarea, aprenderemos de otros revolucionarios quienes se esfuerzan por llevar a la práctica los principios comunistas del internacionalismo proletario. ¿Cuáles son estas lecciones políticas? El mejor lugar para empezar es la plataforma programática aprobada en 1975 por el primer congreso del Partido Comunista de Cuba.[2] He aquí lo que dice:

> La Revolución Cubana —a la vez que presenta todo un conjunto de rasgos específicos derivados de las peculiaridades y condiciones nacionales concretas y de la situación internacional en que se desarrolla— ha tenido lugar acorde con las leyes fundamentales del devenir histórico descubiertas por el marxismo-leninismo y ha confirmado las principales tesis leninistas acerca de la revolución y de la posibilidad de su curso ininterrumpido hasta transformarse en revolución socialista.
>
> No existe una barrera infranqueable entre la etapa democrático-popular y antiimperialista y la etapa socialista. Ambas forman parte, en la época del imperialismo, de un proceso único en el que las medidas de liberación nacional y de carácter democrático —que en ocasiones tienen ya un matiz socialista— preparan el terreno para las netamente socialistas. El elemento decisivo y definitorio de este proceso es la cuestión de quiénes lo dirigen, en manos de qué clase se encuentra el poder político.

La estrategia obrera es la de asumir, mediante su partido de vanguardia, la dirección de los campesinos y de otros aliados oprimidos y explotados. La etapa inicial de la revolución en Cuba, dice la plataforma, "se expresó como una dictadura democrático-revolucionaria de las masas populares: de obreros, campesinos, pequeña burguesía urbana y demás capas de la población con intereses opuestos a la dominación del imperialismo y de la oligarquía burgués-latifundista".

Desde finales de 1960, "en la segunda etapa de construcción socialista, se expresó como dictadura del proletariado en alianza con los campesinos trabajadores y con las demás capas de nuestra sociedad con intereses opuestos al régimen capitalista".

La plataforma pasa entonces a detallar cómo ocurrió esto en Cuba entre 1959 y 1961. Clave para la consolidación de la victoria revolucionaria, explica, fue que, "El poder real se encontraba en el Ejército Rebelde y en las masas populares dirigidos por Fidel Castro, con cuyo ascenso al cargo de Primer Ministro, en febrero de 1959, se inició la rápida liquidación de la influencia reaccionaria de estos elementos burgueses que formaban parte del gobierno".

El nuevo gobierno utilizó su poder para organizar y movilizar a los trabajadores y campesinos para dar inicio a una revolución agraria, tomar acción contra la dominación imperialista del país, mejorar las condiciones en las fábricas, crear empleos, y poner en vigor un amplio programa de medidas progresistas en las áreas de la salud, la alfabetización, la educación, los derechos democráticos y la eliminación de la discriminación contra los cubanos negros y contra la mujer. La plataforma explica:

La solución de la contradicción entre las exigencias del desarrollo de las fuerzas productivas y las relaciones de producción existentes demandaba, como un primer paso, una revolución antiimperialista, agraria, democrática y popular. La burguesía nacional era incapaz de dirigir tal revolución debido a su debilidad económica, a su subordinación a los intereses imperialistas yanquis, y al temor a la acción de las masas populares. Ello la llevó a enfrentarse, incluso, a las medidas de carácter nacional liberador de la primera etapa.

En Rusia los bolcheviques habían rechazado la estrategia de los mencheviques de confiar en la burguesía para que dirigiera la revolución democrática contra el zarismo y el latifundismo. Las lecciones de esta experiencia revolucionaria y otras previas fueron incorporadas al programa y estrategia de la Internacional Comunista en su fundación.

La plataforma del PC cubano pasa a explicar los factores que hicieron que los capitalistas cubanos se horrorizaran de la acción revolucionaria contra el latifundismo, y contra la dominación económica y política imperialista. Señala:

> La imbricación de intereses económicos entre los monopolios yanquis, la oligarquía burgués-latifundista y el resto de la burguesía nacional hacía que una medida que afectara a uno de estos sectores produjera una inmediata oposición y resistencia por parte de toda la burguesía en bloque. En las condiciones del dominio económico e ideológico del imperialismo, medidas que incluso no rebasan el marco democrático burgués suelen

ser rechazadas por las burguesías de los países dependientes. En estos países la burguesía teme que el desarrollo del proceso revolucionario conduzca inevitablemente al socialismo.

Esta situación, en que los objetivos de liberación nacional y de carácter democrático debieron ser cumplimentados por la clase obrera al frente del poder estatal, condicionó la estrecha interrelación entre las medidas y tareas de la primera y segunda etapas de nuestra revolución y el carácter ininterrumpido de las transformaciones que llevaron al tránsito de una a otra etapa en medio de un proceso revolucionario único.

Los dirigentes del PC cubano presentaron estas y otras ideas afines recientemente en una Conferencia Teórica Internacional sobre las "Características generales y particulares de los procesos revolucionarios en América Latina y el Caribe", celebrada en La Habana en abril de 1982 bajo los auspicios del Comité Central del partido. A la conferencia asistieron representantes de 35 organizaciones latinoamericanas, entre ellas Partidos Comunistas y otros grupos. La participación de delegaciones de dirigentes revolucionarios de Nicaragua, Granada, El Salvador y Guatemala, recibió especial mención en el acto de apertura de la conferencia.

Quisiera señalar un aspecto, entre muchos otros, de la presentación de Jesús Montané, miembro del Comité Central del PC cubano, que estuvo dedicada a Ernesto Che Guevara.[3] Se deriva directamente de la sección arriba citada de la plataforma del PC cubano.

"En este continente", dice Montané, "lo que observamos

es una fusión inseparable de la lucha de clases y la lucha de carácter nacional, una combinación peculiar de tareas democráticas ligadas a tareas socialistas, y de tareas de liberación antiimperialistas unidas a las acciones de los trabajadores de la ciudad y el campo contra la explotación del capitalismo". Esta combinación, dice, se verá reflejada en la estrategia y las tácticas de muchos partidos y organizaciones en la izquierda a medida que avancen y conquisten nuevas experiencias.

El carácter de la dominación imperialista y su devastador impacto sobre los trabajadores y campesinos de las Américas, explica Montané, "refuerza nuestra convicción de que este continente trae en su vientre una revolución, una revolución que avanzará hacia una perspectiva socialista, y cuyo alumbramiento —como dijo recientemente el compañero Fidel Castro— será tan difícil de impedir como el parto de una ballena gestante".

Montané continuó que al aseverar esto, los comunistas cubanos no pecan "de un irreflexivo optimismo ni ignoramos las dificultades que encontrará ante sí un proceso que equivale, en esencia, a la propia liquidación del imperialismo norteamericano. Sabemos que éste será necesariamente un proceso largo, accidentado, complejo y llenará toda una época histórica".

Y, podríamos añadir, que si el resultado final es la liquidación del imperialismo estadounidense, entonces el pueblo trabajador en Estados Unidos va a estar íntimamente involucrado también, por un período extendido.

Montané señala que reconocer el desenlace necesariamente socialista de estas revoluciones en las Américas no es lo mismo que responder a la pregunta de en torno a qué demandas inmediatas y de transición se ha de desarrollar la lucha por el poder, demandas que son, en primer lugar, las de la lucha democrática y antiimperialista. "No serán rígidos patrones los que guiarán los procesos de liberación nacional y la construcción del socialismo en estas tierras", dijo. Cada partido revolucionario deberá trazar su propio curso basado en sus propias experiencias y en las condiciones concretas y las relaciones entre las clases en cada país.

Otro discurso en esa misma conferencia lo pronunció Manuel Piñeiro, también miembro del Comité Central del Partido Comunista de Cuba.[4] Este discurso se tituló: "La unidad, las masas y las armas en la lucha por el poder". Estos son lo que Piñeiro, citando a Fidel Castro, llama "los tres ingredientes decisivos para lograr alcanzar el triunfo revolucionario".

El compañero Piñeiro hace un examen crítico de algunas de las lecciones aprendidas por los cubanos en el curso de dos décadas sobre estos tres aspectos de la estrategia para la revolución.

Explica la necesidad de lograr dos tipos de unidad. Una es lo que llamaríamos un frente único antiimperialista de las fuerzas dispuestas a luchar contra la oligarquía, el régimen dictatorial y la opresión imperialista. Dicha unidad es muy importante, dice, "a condición que los partidos y organizaciones revolucionarias logren consolidar el núcleo dirigente de aquél".

Esto señala la necesidad de otro tipo de unidad: la unidad de los revolucionarios. Esta no se puede basar en "pasos artificiales que más tarde resulten contraproducentes", dice Piñeiro. En cambio, "Es común el criterio de que la mejor forma para avanzar en la unidad es por la vía de la colaboración en las luchas concretas". Esta unidad hará que el proletariado avance en dirección de asumir el liderazgo de todos sus aliados al hacer la revolución. "La revolución proletaria en la América Latina y el Caribe es al mismo tiempo una revolución popular", explica.

El tema de Piñeiro sobre las masas es muy sencillo. No es posible tomar el poder en nombre de las masas; hay que guiar a las masas hacia la toma del poder por sí mismas. "La incorporación de ellas a la revolución", explica, "representa el único motor capaz de garantizar" tanto la conquista del poder como su defensa.

Este precepto básico de estrategia revolucionaria que explica Piñeiro, fue desarrollado en detalle durante el Tercer Congreso de la Internacional Comunista en 1921.[5] En dicho congreso, Lenin encabezó una lucha contra los ultraizquierdistas a fin de incorporar en la resolución sobre tácticas, la necesidad de que los comunistas no solo capten a la mayoría del proletariado, sino además a una masa de partidarios entre los explotados aliados del proletariado, sobre todo los trabajadores rurales.

En este sentido, continúa Piñeiro, es posible cometer dos errores opuestos: el primero, "la sustitución por la vanguardia del papel de las masas", lo cual lleva a enfrentamientos prematuros y a dejar escapar los momentos más oportunos; el segundo, "postergar una y otra vez aquellas acciones con el subterfugio de que las masas no tienen la preparación adecuada para encaminarse hacia la conquista del poder".

Piñeiro también aborda el uso de reivindicaciones por los revolucionarios: las reivindicaciones de carácter inmediato y democráticas, y su relación con las reivindicaciones que apuntan hacia la transición revolucionaria a un nuevo gobierno de los trabajadores y campesinos para luchar contra la burguesía. Los revolucionarios pueden aprender mucho al estudiar las experiencias en Cuba, Nicaragua y Granada, dice. Sin embargo, no hay "ni recetas ni fórmulas generales" sobre cómo educar, movilizar y organizar a las masas para la conquista del poder.

Lo mismo es cierto del tercer "ingrediente decisivo": armar a los trabajadores y los campesinos. Igualmente, dice Piñeiro, no existe aquí "una estrategia continental única". Las tareas de los revolucionarios varían según las condiciones concretas: ya sea que operen bajo una dictadura derechista o en una situación donde hay más derechos democráticos.

Piñeiro advierte que "se han planteado falsas disyuntivas al oponerse las formas de lucha armadas y no armadas", y añade que, "En nuestra opinión, el contenido revolucionario de cualquier forma de lucha se mide por sus resultados, o sea por el avance o el retroceso que implique para los objetivos finales de las masas populares".

Piñeiro hace hincapié en el peligro que representa "la división de las funciones políticas y militares" en el partido, ya que esto "da lugar a una mutilación de ambas".

Organizaciones e individuos de varias corrientes del movimiento obrero en el Caribe y América Latina, al pasar por diversas experiencias en la lucha contra el imperialismo y las oligarquías burgués-latifundistas, se ven atraídos hacia la Revolución Cubana, y son influenciados por sus dirigentes. Este fue el caso del Frente Sandinista de Liberación Nacional en Nicaragua desde sus orígenes. Dirigentes del Movimiento de la Nueva Joya en Granada han explicado su evolución política hacia un partido proletario revolucionario, a partir de una corriente en el movimiento caribeño del Poder Negro a finales de la década de 1960 y comienzos de la de 1970, contando también con la gran ayuda proporcionada por el ejemplo de la dirección cubana y sus perspectivas.

Los revolucionarios del FMLN salvadoreño y sus diversos componentes también se han formado a través de las luchas y las discusiones políticas surgidas a raíz de la victoria de la Revolución Cubana. Quisiera concentrarme en un ejemplo de esto: el artículo "El poder, el carácter y vía de la revolución y la unidad de la izquierda", por Schafik Jorge Handal, un dirigente del FMLN y secretario general del Partido Comunista de El Salvador. Este artículo se reprodujo recientemente en *Intercontinental Press,* por lo que resulta fácil de conseguir.[6] Handal cita lecciones extraídas de El Salvador, de las victorias en Cuba y Nicaragua, y de la derrota en Chile, como la fuente de sus propias apreciaciones cambiantes. Señala que "en América Latina han tenido lugar dos grandes revoluciones verdaderas, la de Cuba y la de Nicaragua". (Para los propósitos de ese artículo Handal excluye el Caribe de habla inglesa). Y añade, "en ninguno de los dos casos los Partidos Comunistas estuvieron a la cabeza".

¿Por qué? Esta es una pregunta, explica Handal, a la que todos los dirigentes y cuadros serios de los Partidos Comunistas deben responder. De lo contrario nunca encontrarán vías para llegar a ser parte de la vanguardia marxista de las revoluciones venideras. Handal prosigue entonces a delinear las conclusiones a las que ha llegado sobre este problema, y pide que otros revolucionarios también participen en la discusión.

"El abecedario del marxismo-leninismo", dice Handal, "enseña que el problema fundamental de la revolución es el problema del poder", es decir, conquistar el poder político y mantenerlo. Handal está ahora convencido de que su partido y otros Partidos Comunistas en América Latina han sido culpables de actuar contrariamente a este abecedario. Han actuado sobre la base de "equivocadas caracterizaciones de ciertos procesos sociales y políticos reformistas en América Latina como 'revoluciones'". Los Partidos Comunistas de estos países se asignaron incorrectamente "un papel de simple fuerza de apoyo".

Handal trae como ejemplo el caso de Chile. La derrota allí no era inevitable, dice. El problema fue que los miembros del Partido Comunista y otros no tuvieron "una orientación certera para resolver realmente el problema del poder, ni para defender al gobierno de Allende" contra los crecientes ataques de la clase capitalista y su oficialidad. Ninguna organización política había preparado a los trabajadores y campesinos de Chile para tomar el poder.

Handal ha llegado a la conclusión de que si bien el programa social y económico de los revolucionarios es importante, no va a servir de nada sin una estrategia para guiar a los trabajadores en la organización de las masas populares —ante todo y en primer lugar al campesinado— para conquistar el poder de manos de la oligarquía capitalista-latifundista y todos sus partidarios. En este sentido, dice Handal, las Tesis de Abril escritas por Lenin en 1917 y otras enseñanzas comunistas de la época de Lenin "siguen siendo el modelo de cómo enjuiciar el problema del poder".

Mientras que los Partidos Comunistas latinoamericanos establecidos en las décadas de 1920 y 1930 dejaron "de tener en el centro de su actuación la lucha por el poder", dice Handal, ahora se están construyendo algunos nuevos partidos comunistas sobre bases revolucionarias más firmes. En Cuba, donde un Partido Comunista fue forjado en los primeros años de la revolución. En Nicaragua hoy. Y está convencido de que esto va a ocurrir en El Salvador, mediante la fusión final de las fuerzas proletarias revolucionarias en ese país.

Handal explica que durante casi dos décadas él y muchos miembros de Partidos Comunistas en Latinoamérica estuvieron convencidos de que la Revolución Cubana había sido una "peculiaridad excepcional". A la luz de las experiencias de Nicaragua y El Salvador a partir de 1979, ahora ha llegado a una conclusión opuesta.

"En Cuba", dice, "quedó demostrada una regularidad de la revolución en América Latina: la revolución que aquí madura es la revolución socialista".

Handal subraya que esto no quiere decir que la lucha revolucionaria por reivindicaciones antiimperialistas, por la reforma agraria y por la democracia no esté al orden del día. Mientras que anteriormente había creído que estas tareas democráticas estaban separadas de las tareas de carácter socialista como por una muralla, Cuba había demostrado la interrelación que guardan. "Lo que moviliza a las grandes masas a la acción revolucionaria son las consignas democráticas antiimperialistas", dice Handal. Y "no puede realizarse hasta el fondo la revolución democrática antiimperialista ni se pueden defender sus conquistas si no se va al socialismo".

Handal prosigue y lo plantea también de otra manera: "no se puede ir al socialismo sino por la vía de la revolución democrática antiimperialista, pero tampoco se puede consumar la revolución democrática antiimperialista sin ir hasta el socialismo.

"De manera que entre ambas hay un nexo esencial indisoluble, son facetas de una sola revolución y no dos revoluciones", explica Handal. Habiendo rechazado esta generalización, que había sido un aspecto fundamental del programa de la Internacional Comunista bajo Lenin, el Partido Comunista en El Salvador y en la mayoría de países de América Latina habían "trabajado durante decenios con la idea de dos revoluciones".

Como resultado, explica Handal, el PC en El Salvador y en otros países, perdió de vista el papel dirigente de la clase trabajadora en la revolución. "Llegamos a convencernos a nosotros mismos de que la revolución democrática no es necesariamente una tarea a organizar y promover principalmente por nosotros, sino que en ella podríamos limitarnos a ser fuerza de apoyo, y conformarnos con ser fuerza de apoyo, en aras de asegurar la amplitud del abanico de las fuerzas democráticas participantes".

La revolución nicaragüense llevó a Handal a reexaminar la Revolución Cubana, y hoy está convencido de que "en el movimiento comunista latinoamericano hay que hacer una gran lucha ideológica para librarnos de todo ese lastre reformista".

La Revolución Cubana demostró la necesidad de forjar una dirección que esté íntimamente involucrada en las luchas de las masas, organizar a los trabajadores y campesinos, y al mismo tiempo reconocer que no existe una vía pacífica hacia el poder ni ninguna vía hacia el poder que dependa de cualquier sector de la burguesía. Solo el pueblo trabajador, organizado por un partido revolucionario que brinde tanto dirección política como militar, puede conquistar el poder y usarlo para dar impulso a sus propios intereses de clase. Si sobre ese rumbo hay sectores de la burguesía que nos van a acompañar parte del trayecto, entonces los revolucionarios podemos aprovechar esas divisiones para avanzar hacia el derrocamiento del viejo régimen y el establecimiento y la consolidación de un gobierno de trabajadores y agricultores.

Para los comunistas, dice Handal, el trabajo político en las luchas y organizaciones de masas debe tener como meta consciente la preparación de los trabajadores y campesinos para derrocar la dictadura del capital y establecer su propia dictadura. A menos que *esta* perspectiva se planifique y se impulse en la práctica de manera consciente, todo el trabajo de masas vigoroso del mundo será insuficiente para una victoria revolucionaria.

Cualquier idea de que los trabajadores pueden "tomar el poder por partes" es falsa, dice Handal. Al contrario, "será indispensable bajo una u otra forma, desmantelar la máquina estatal de los capitalistas y sus amos imperialistas, erigir un nuevo poder y un nuevo estado.

"En tales condiciones resulta evidente que la vía pacífica no es la vía de la revolución".

Por supuesto, dice Handal, los trabajadores y campesinos, que son la gran mayoría de la sociedad, preferirían llegar al poder pacíficamente. Sin embargo, la experiencia de las masas trabajadoras en América Latina y el resto del mundo ha demostrado que el reducido puñado de explotadores recurre a la violencia masiva para preservar su poder, sus ganancias y sus privilegios: su dictadura de clase. Por lo tanto, los revolucionarios deben reconocer esta realidad histórica y preparar a las masas para ello.

Los trabajadores, bajo la dirección de un partido obrero revolucionario, deben organizar a sus aliados entre el pueblo trabajador para llevar a cabo la revolución democrática antiimperialista contra la oligarquía, es decir, contra los latifundistas y los capitalistas. En el curso de dirigir a las masas trabajadoras hacia la victoria, la clase obrera y su vanguardia comunista comenzarán —según las condiciones materiales concretas y la correlación de fuerzas entre las clases a nivel nacional e internacional— a llevar a cabo las tareas de la revolución socialista, culminando con la expropiación de los capitalistas y la reorganización de la sociedad sobre la base de la propiedad estatal y la planificación económica.

Estas conclusiones de Handal son las lecciones de Cuba, de Nicaragua, de las victorias y derrotas en América Latina. Y son estas las lecciones que encontramos cuando volvemos a Lenin y al programa y la estrategia del Partido Bolchevique y de la Internacional Comunista en sus primeros años.

Sin embargo, no es suficiente reconocer la necesidad de la lucha armada, prosigue Handal. Los comunistas deben aprovechar cada oportunidad, bajo difíciles condiciones de clandestinidad y en períodos en los cuales existen aperturas legales o semilegales, para organizar y movilizar a los trabajadores y los campesinos.

Lo erróneo de la actividad anterior del PC salvadoreño, explica Handal, no reside en el hecho que realizara una labor electoral. Dicha labor "fue acertada", dice. Lo que no estuvo acertado fue el colaboracionismo de clase de la línea y estrategia políticas de esa actividad electoral, lo que engendró "esquemas e ilusiones reformistas" en los dirigentes, cuadros y partidarios del PC.

Handal dice que cuando el PC salvadoreño decidió cambiar su curso anterior y unirse a la lucha militar contra la dictadura, no estaba adecuadamente preparado para poner en práctica esta decisión. El partido ya tenía una Comisión Militar, pero ésta resultó ser un obstáculo y no una ayuda.

La comisión estaba separada del partido y de su dirección, explica Handal, mientras que el dominio del arte de la insurrección y de los fundamentos de la estrategia militar se deben integrar a la preparación política general del partido para dirigir al pueblo trabajador a tomar el poder. A fin de afrontar este obstáculo para trazar un curso revolucionario, el PC salvadoreño celebró un congreso en abril de 1979, y "se abandonó la idea de que la Comisión Militar es la encargada de formar un aparato militar separado del cuerpo del partido". La culpa no la tenían los miembros de la comisión, subraya Handal, sino las concepciones y el entrenamiento erróneos que la orientación previa del partido produjo. El problema había sido "la incapacidad del conjunto del partido para organizar y dirigir la lucha armada cuando llega el momento de hacerlo.

"Este problema solo podía resolverse convirtiendo al partido en su conjunto en jefe y actor, no solo de su lucha política, sino también de su lucha armada, haciéndolo el gran combinador y director de todas las formas de lucha", escribe. Los comités de dirección y sus miembros comenzaron a estudiar "los problemas de la lucha armada revolucionaria" y a entrenarse "en el arte y la técnica militar, no para dedicar a todos ellos al aparato militar, sino para practicar la convicción de que la lucha armada del partido debe ser organizada, realizada y dirigida por el partido, por sus organismos dirigentes y de base".

El dirigente cubano Manuel Piñeiro se refirió de una manera general a esta cuestión en el discurso mencionado arriba. La discusión más reciente sobre este aspecto particular de la estrategia revolucionaria ha estado limitada a las experiencias ocurridas a partir de 1945 en China, Vietnam y Cuba. Sin embargo, tal y como estamos descubriendo sobre la gran mayoría de las cuestiones políticas y estratégicas fundamentales, ésta también fue discutida por la Internacional Comunista durante la época de Lenin. He aquí lo que dice al respecto la "Tesis sobre la estructura, los métodos y la acción de los Partidos Comunistas" aprobada en 1921 por el Tercer Congreso de la Internacional Comunista:

> En los partidos legales, al igual que en los partidos ilegales, el trabajo ilegal es con frecuencia concebido como la formación y el mantenimiento de una organización cerrada, exclusivamente militar y aislada del resto de la política y de la organización del partido. Esta concepción es totalmente errónea. En el período revolucionario, la formación de nuestra organización de combate debe, por el contrario, ser el resultado del conjunto de la acción comunista del partido. El partido en su conjunto debe convertirse en una organización de combate para la revolución. Las organizaciones revolucionarias aisladas de carácter militar surgidas prematuramente antes de la revolución, tienden demasiado fácilmente a la disolución y a la desmoralización porque carecen en el partido de un trabajo inmediatamente útil.[7]

Por último, Handal se refiere, en el contexto específico de las condiciones existentes en El Salvador, a una cuestión que el dirigente cubano Piñeiro discute de una manera más general: la unidad de las fuerzas revolucionarias comprometidas en la práctica con la lucha contra la dictadura de las oligarquías burgués-latifundistas en las Américas.

Handal está convencido de que este tipo de unidad es imprescindible si ha de lograrse la victoria en El Salvador.

Los Partidos Comunistas en América Latina han rechazado durante décadas la colaboración con otras fuerzas revolucionarias, dice, pero esto debe cambiar. Es la única vía para construir partidos que sean comunistas tanto en su acción como de nombre. Es eso lo que sucedió en Cuba. Eso es lo que está sucediendo en Nicaragua. Y es eso lo que preconiza Handal en El Salvador.

El proceso de unificar a las fuerzas revolucionarias no va a llevar a un acuerdo automático en todos los puntos, dice. Sin embargo, realizamos "nuestra polémica pronunciándonos a favor de la unidad de la izquierda".

"El PCS no es el único destacamento del movimiento comunista latinoamericano" que debate este fundamental viraje revolucionario, concluye Handal. Claramente espera que se dé un debate sobre las perspectivas que ha planteado, incluso en su propio partido.

Uno no tiene que estar de acuerdo con todo lo que dice Handal en su artículo para reconocer que merece que se le preste seria atención. Plantea cuestiones que están siendo consideradas por una amplia gama de revolucionarios proletarios que buscamos el camino para hacer exactamente lo que queremos no solo en América Latina y el Caribe, sino también en Norteamérica: construir partidos comunistas que dirigirán a los trabajadores y a sus aliados en la lucha para derrotar a la clase dominante capitalista y tomar el poder.

Esta es la tarea más importante que los revolucionarios han asumido desde que Marx y Engels redactaron el documento de fundación de la primera organización proletaria comunista, la Liga de los Comunistas, a comienzos de

1848. Ese documento, que ahora se conoce como el Manifiesto Comunista, explica que la primera tarea de la clase trabajadora es "la elevación del proletariado a clase dominante". El proletariado estará entonces en capacidad de utilizar "su dominación política para ir arrancando gradualmente a la burguesía todo el capital, para centralizar todos los instrumentos de producción en manos del estado, es decir, del proletariado organizado como clase dominante, y para aumentar con la mayor rapidez posible la suma de las fuerzas productivas".[8]

En 1872 Marx y Engels escribieron un prefacio a una reedición del Manifiesto Comunista. Señalaron que era preciso decir un poco más en base a las nuevas experiencias de la clase trabajadora, primero en las revoluciones de 1848, y luego confirmadas en la Comuna de París de 1871, "que eleva por primera vez al proletariado durante dos meses al poder político".

"La Comuna ha comprobado, sobre todo", escribieron Marx y Engels, que "la clase obrera no puede limitarse simplemente a tomar posesión de la máquina del estado tal y como está y servirse de ella para sus propios fines".[9] El proletariado debe destruir el aparato estatal de las viejas clases dominantes y remplazarlo con uno propio.

Casi medio siglo después, la primera sección de la plataforma de la Internacional Comunista, aprobada en su primer congreso en 1919, fue titulada "La conquista del poder político". En ella se explicó: "La victoria proletaria es asegurada por la desorganización del poder enemigo y la organización del poder proletario. Debe significar la ruina del aparato estatal burgués y la creación del aparato estatal proletario".[10]

Basándose directamente en los fundamentos programáticos trazados por Marx, Engels y la Internacional Comunista bajo la dirección de Lenin, el documento de fundación de la Cuarta Internacional redactado por Trotsky en 1938, el "Programa de Transición", afirmó:

"La principal acusación que lanza la Cuarta Internacional contra las organizaciones tradicionales del proletariado es la de no querer desvincularse del semicadáver político de la burguesía". En contraste, nosotros decimos: "¡Rompan con la burguesía, tomen el poder!"

En el documento se leía después, "Las secciones de la Cuarta Internacional deben orientarse en forma crítica en cada nueva etapa y lanzar consignas que sirvan de apoyo a los esfuerzos de los obreros por una política independiente, profundicen el carácter de clase de esta política, destruyan las ilusiones reformistas y pacifistas, fortalezcan el vínculo de la vanguardia con las masas y preparen la conquista revolucionaria del poder".[11]

Hay que dirigir al pueblo trabajador hacia la conquista revolucionaria del poder, no hacia su subordinación a las necesidades o las promesas de la burguesía liberal. Ese es nuestro mensaje. Con ese espíritu forjamos nuestro partido. Esta perspectiva —para cuyo impulso se fundó la Internacional Comunista y que nuestro movimiento mundial busca continuar— es la perspectiva planteada por la plataforma de 1975 del Partido Comunista de Cuba, y por los discursos y escritos de los compañeros Montané, Piñeiro y Handal.

Estas lecciones fundamentales las ha confirmado más de un siglo de luchas obreras, tanto de revoluciones victoriosas como de revoluciones que fueron aplastadas. Si bien cada revolución tiene sus características particulares que son vitales de entender, también hay lecciones generales como éstas. Tal como lo formula Piñeiro: "Toda revolución social verdadera es siempre también hija de las leyes universales descubiertas por Marx, Engels y Lenin".

Estos son los principios políticos y la estrategia revolucionaria general que necesita la clase trabajadora en todo país. Cualquier intento de prescindir de alguna manera de ellos resultará en una derrota sangrienta seguida por una desmoralización profunda. A medida que nuestra clase acumula experiencias, nosotros extraemos lecciones, las generalizamos, y las aplicamos y enriquecemos mediante nuevas experiencias en la lucha de clases. Eso es lo que hace un partido comunista.

Los problemas abordados por Montané, Piñeiro y Handal son los que debe tratar cualquiera que desee ser un comunista en América Latina hoy día. Son también cuestiones relevantes para los comunistas en Norteamérica y por todo el mundo. Y no solo porque reconocemos, como internacionalistas, que los trabajadores en Estados Unidos y Canadá tenemos un interés vital en las revoluciones en las naciones oprimidas por el imperialismo, sino también debido al peso de las cuestiones nacionales negra y chicana en Estados Unidos, y de la cuestión nacional quebequense en Canadá.

Las respuestas programáticas y estratégicas presentadas por dirigentes centroamericanos y caribeños a la cuestión del carácter combinado democrático y socialista de las revoluciones en América Latina, y la necesidad de que estas revoluciones tengan una dirección proletaria, son respuestas comunistas. Si queda alguna duda de esto después de leer lo expresado por Montané, Piñeiro y Handal, entonces hay que tomar tiempo para estudiar el artículo de 1970 del vicepresidente cubano Carlos Rafael Rodríguez titulado "Lenin y la cuestión colonial".[12] Este artículo ancla una perspectiva sobre estrategia revolucionaria para las naciones oprimidas en las posiciones programáticas fundamentales forjadas por Marx y Engels y posteriormente desarrolladas aún más, tras el surgimiento del imperialismo, por el Partido Bolchevique y la Internacional Comunista bajo la dirección de Lenin. El artículo de Rodríguez es una contribución a las cuestiones políticas estratégicas que están debatiendo y reconquistando los revolucionarios en base a sus experiencias en la lucha de clases.

No existe hoy día en el mundo una visión o corriente política revolucionaria especial "castrista". Eso es un mito que debemos enterrar de una vez por todas. Los revolucionarios cubanos, nicaragüenses, granadinos y salvadoreños contribuyen cada uno al proceso político en base a sus experiencias particulares y a las tradiciones de lucha revolucionaria de sus propios países. Pero lo que ellos aprenden, enriquecen y aplican es el programa del marxismo, no del "castrismo". Ellos son comunistas. Y es lo que nosotros somos también.

Como comunistas en Estados Unidos, debemos hacer más que participar en el trabajo de solidaridad con estas revoluciones en Centroamérica y el Caribe, con lo esencial que es de por sí esta labor tanto para los trabajadores allá como para los de aquí. Si realmente hablamos en serio de construir un partido revolucionario de trabajadores en Estados Unidos, entonces debemos también escuchar y aprender de estos compañeros, que se lo están jugando todo por la defensa y la extensión de la revolución socialista en Centroamérica y el Caribe. Debemos valernos de su ejemplo para inspirar a los trabajadores de disposición revolucionaria en Estados Unidos, y convencerlos de que es posible establecer un gobierno de trabajadores y agricultores. Vivimos una de las coyunturas más críticas en la historia del mundo moderno. Han surgido y están surgiendo revoluciones socialistas en nuestro hemisferio. Y con ellas han surgido —por primera vez desde la degeneración estalinista de la Internacional Comunista hace medio siglo— nuevas direcciones proletarias a la cabeza de gobiernos y de partidos de masas.

La perspectiva de una fusión de las fuerzas que luchan por construir partidos comunistas, inaugurada por las direcciones revolucionarias en Centroamérica y el Caribe, señala *políticamente* el camino hacia un nuevo movimiento obrero internacional, algo que ha sido la meta de los revolucionarios proletarios conscientes desde 1848. Esa organización revolucionaria mundial de masas no existe aún, y tampoco está a la vuelta de la esquina. Sin embargo, es en esa dirección que marcha la vanguardia revolucionaria combativa de nuestra clase. Y por eso es tan importante para nosotros aprender de este proceso de debate y clarificación política y contribuir a él, el cual, independientemente de su ritmo, puede sentar las bases para una internacional nueva, de masas y comunista.

Marxismo, bolchevismo y la Internacional Comunista

NUESTRA CONTINUIDAD política revolucionaria, la de la clase obrera moderna, no se remonta a muchos años atrás, tan solo a 135 años. Se remonta a las generalizaciones aprobadas por la Liga de los Comunistas y presentadas en su forma inicial en su Manifiesto, cuya redacción se asignó a Marx y Engels, y en sus normas organizativas, en cuya preparación ellos también desempeñaron un papel importante.

Las lecciones trazadas por los dirigentes de las revoluciones cubana, nicaragüense, salvadoreña y granadina forman parte de esta continuidad revolucionaria común. No obstante, determinar en concreto precisamente en qué consiste esta continuidad es un poco más complicado de lo que podría parecer. Porque la continuidad política no es como la doctrina de una iglesia, que a fin de cuentas solo puede ser juzgada como correcta o errada por un grupo de gentes que alegan tener un vínculo directo con alguien o algo con lo que uno no puede discutir. Así es como se resuelven los artículos de fe.

Sin embargo, como escribiera Engels apenas dos meses antes de la formación de la Liga de los Comunistas, "El comunismo no es una doctrina, sino un *movimiento;* procede no de principios, sino de *hechos*... El comunismo, en tanto teoría, es la expresión teórica de la posición del proletariado en esta lucha [de clases] y el resumen teórico de las condiciones para la liberación del proletariado".[13]

Los comunistas no tenemos artículos de fe. Lo que tenemos, como explicó Engels, es sencillamente las generalizaciones políticas y lecciones estratégicas tomadas de las experiencias de una clase que ha estado avanzando hacia la toma del poder desde que nació y comenzó a librar batallas en su propio nombre: *la clase obrera moderna*.

Esto hay que meditarlo, porque es ajeno a la forma en que a uno se le enseña a pensar en las escuelas y otras instituciones bajo el capitalismo. Se nos entrena a pensar en términos de ideas y de individuos que flotan por encima de las clases y las condiciones materiales. Es fácil caer en la idea de que un programa político pueda tener vida propia, como la doctrina y el ritual de una iglesia o una logia masónica.

Esas doctrinas no cambian hasta que el grupo de gente que las determina decide que deben cambiar. Pero no sucede así con el programa del proletariado, que cambia mediante la clarificación y el enriquecimiento que trae cada nueva experiencia importante en la lucha de clases.

Marx y Engels explicaron este enfoque materialista en el Manifiesto Comunista. Los comunistas, dice el Manifiesto, "No proclaman principios sectarios a los que quisieran amoldar el movimiento proletario". Los comunistas "No tienen intereses algunos que no sean los del conjunto del proletariado".

¿Qué distingue, entonces, a los trabajadores comunistas del resto de su clase? Al nivel de la acción práctica, dicen

Marx y Engels, los comunistas son "el sector más resuelto" de la clase obrera y el que "siempre impulsa adelante a los demás". Al nivel del programa e ideas, los comunistas "tienen... la ventaja de su clara visión de las condiciones, de la marcha y de los resultados generales del movimiento proletario".[14] Cuatro años después, en una carta a un miembro fundador de la Liga de los Comunistas, que entonces trabajaba en la construcción del movimiento comunista en Norteamérica, Marx explicó que su propia contribución a la teoría del movimiento obrero revolucionario no era el descubrimiento de la existencia de las clases o de la lucha de clases, algo que muchos otros ya habían descrito y sobre lo cual habían opinado. Su propia y nueva contribución, dijo Marx, fue demostrar "que la lucha de clases conduce, necesariamente, a la *dictadura del proletariado*".[15]

Solo generalizando y extrayendo las lecciones de las verdaderas experiencias de la clase trabajadora podemos los revolucionarios desarrollar un programa y una estrategia que nos pueda ayudar a dirigir a nuestra clase hacia esa meta: la dictadura del proletariado. Es de ahí que procede nuestra continuidad política.

Lenin dijo que sin teoría revolucionaria no puede haber movimiento revolucionario. Tanto se escucha esa cita que a veces parece haber perdido su significado. Sin embargo, es importante pensar en lo que Lenin dijo en realidad. No dijo que sin teoría revolucionaria no puede haber *acción* revolucionaria. Eso sería incorrecto; de forma horrible y desarmante. Puede haber, ha habido y habrá luchas revolucionarias del pueblo trabajador que no estén guiadas por una organización equipada con una teoría revolucionaria. Luchas revolucionarias, mas no un *movimiento* revolucionario. Porque construir un movimiento revolucionario, en contraste con la acción sola, precisa de una generalización consciente de las lecciones que nuestra clase ha aprendido a través de la lucha, y de integrarlas en un programa y una estrategia, una continuidad política, sobre la cual se base la *organización* revolucionaria.

Estas lecciones —qué hacer, y de cierta manera más importante aún, qué no hacer— nuestra clase las ha pagado en sangre numerosas veces. Son irremplazables.

Sin embargo, el hecho que nuestro programa y nuestra estrategia estén enraizados en la experiencia de la clase trabajadora, significa también que nuevas experiencias *cambian,* o mejor *enriquecen,* nuestra continuidad revolucionaria. Claro está, no pueden alterar los sucesos pasados. Sin embargo, nuestra continuidad política no es algo estático. Es la conciencia en evolución de la vanguardia de una clase, expresada en el programa y la estrategia y encarnada en las organizaciones revolucionarias y sus cuadros.

Incorporamos nuevas lecciones al tiempo que preservamos las del pasado y las comprendemos de formas nuevas. Nuestra continuidad revolucionaria es un ente vivo. Es nuestra apreciación *actual* de las ricas lecciones de las revoluciones y batallas de clases del pasado. Y este entendimiento cambia a medida que nuestra clase pasa por nuevas experiencias.

El programa de la Internacional Comunista, por ejemplo, no solo representaba la continuidad con el Programa del Partido Bolchevique de antes de la Primera Guerra Mundial, sino que era mucho más rico y extenso. El proletariado mundial había vivido la primera guerra imperialista mundial, el colapso de la Segunda Internacional como organización revolucionaria, y la Revolución Rusa de 1917.

Estos sucesos, que culminaron con el establecimiento del primer estado obrero del mundo, habían puesto a prueba a todos los sectores del movimiento obrero. La Tercera Internacional no solo conservó lo mejor del programa de sus antecesoras, lo que había pasado la prueba de sucesos titánicos. Le hizo además adiciones y alteró el peso y énfasis que daba a diversos aspectos de este programa.

De forma similar, la Revolución Cubana, la extensión de la revolución socialista por los trabajadores nicaragüenses y granadinos, y la actual batalla en El Salvador: estas experiencias enriquecen y cambian la forma en que entendemos y aplicamos nuestra continuidad revolucionaria hoy día. Si las nuevas revoluciones socialistas no nos afectaran de esta manera, estaríamos acabados como organización revolucionaria.

Problemas a los que no se podía dar respuestas definitivas hace 25 años, hoy han sido resueltos por la lucha de clases. Por ejemplo, ¿es que todas las revoluciones iban a ser dirigidas —y deformadas— por partidos entrenados en la escuela del estalinismo? Podría haber parecido así durante el período comprendido entre la Segunda Guerra Mundial y finales de 1959. Teníamos confianza en que la respuesta era "no"; sin embargo, ese asunto siguió pendiente hasta que fue resuelto *en la práctica* por la victoria de la Revolución Cubana.

Hago hincapié en esta cuestión de la continuidad y el cambio, porque cuando de efectuar cambios programáticos se trata, nosotros somos conservadores, y muy correctamente. Trotsky advirtió: piénsenlo dos veces antes de recortarle las barbas a Marx, camaradas. Las lecciones de nuestra clase se han conquistado a un precio muy alto, y no son para que uno juegue con ellas de forma frívola. En realidad, esa actitud seria hacia el programa es algo que distingue a los revolucionarios proletarios de los diletantes pequeñoburgueses.

No obstante, cada generación de luchadores obreros debe ver estas lecciones con sus propios ojos, desde la perspectiva de las experiencias concretas que ha atravesado y que anticipa. De esa manera, cada generación entiende más profundamente su continuidad, la enriquece, utiliza aquellos aspectos que más directamente atañen a sus propias experiencias, y considera un punto desde este o aquel nuevo ángulo dados los problemas particulares que enfrenta.

Al subrayar que nuestra continuidad política es una continuidad de la clase obrera, que solo se remonta al programa de la primera organización científica, comunista, no quiero dar a entender que no absorbemos las lecciones o que no nos hacen sentir inspiración los luchadores en la historia que no forman parte directa de esta continuidad política y programática.

Uno de los discursos que mencioné antes, por ejemplo, termina con una cita de Fidel Castro donde él nombra a toda una serie de luchadores por la liberación nacional de Cuba anteriores al surgimiento de la clase obrera como la fuerza dirigente de esa lucha, figuras revolucionarias como José Martí y Antonio Maceo.

Está también como ejemplo la declaración de propósitos en la constitución de la Alianza de la Juventud Socialista. Al tiempo que explica que la AJS es una organización marxista, que se basa en la lucha de los trabajadores por el poder político, explica además que la AJS se inspira en luchadores que han combatido la opresión en otros períodos históricos, tales como Sam Adams, Sojourner Truth y Susan B. Anthony, así como gigantes revolucionarios de nuestra era, como Malcolm X, quien aún no había llegado a ser marxista cuando su vida y evolución política fueron brutalmente truncadas por agentes de la clase dominante norteamericana. Sin embargo, nuestra continuidad *política y programática* es más específica.

Los sucesos de los últimos 25 años nos han hecho volver una y otra vez a un período particular en esa continuidad: las discusiones y los documentos de la Internacional Comunista (la Comintern). Nos han trasladado a los primeros años de la Internacional Comunista, cuando Lenin estaba vivo, y dirigentes del Partido Comunista Ruso trataban de impartir las lecciones del legado programático de Marx y Engels, de la Revolución Rusa, y de la lucha mundial que inspiró. Esa revolución por primera vez había logrado "los resultados generales últimos" previstos en el Manifiesto Comunista: la consolidación de la dictadura del proletariado.

¿Por qué nuestras experiencias desde 1959, y de nuevo desde 1979, han hecho que regresemos no solo a los escritos políticos de Marx y Engels, sino también a los informes y resoluciones de la Comintern? La razón es que la Revolución Cubana es una revolución socialista, dirigida por una dirección revolucionaria comprometida a profundizar y extender esa revolución, para lo cual construye un partido comunista y hace lo que sea necesario para dar impulso a este proceso revolucionario. Para llevar a cabo esto a escala mundial fue que se estableció la Internacional Comunista. Por eso las lecciones de ese período histórico parecen tan ciertas en la actualidad.

Hoy podemos estudiar y entender las lecciones de la Comintern de formas que no nos eran accesibles en años pasados. Aprenderemos más al estudiar los documentos de la Comintern a la luz de estas experiencias.

No es que el programa de los primeros cinco años de la Comintern haya cambiado. *Nosotros* hemos cambiado, a medida que se ha desarrollado la lucha revolucionaria entre las clases. Nos hemos hecho más proletarios, más obreros en cuanto a la composición de nuestra dirección y nuestra militancia, no solo en nuestro enfoque programático. Nuestros ojos están más abiertos y nuestras mentes más afinadas. Cosas que hemos visto ocurrir, fuerzas que hemos visto salir adelante, compañeros revolucionarios que nos retan a que avancemos en nuestro pensamiento: todo esto nos vuelve más aptos para entender y aplicar el programa de la Comintern a, y dentro de, una realidad viva.

Uno queda estupefacto al percibir no solo lo que la Internacional Comunista logró, sino también cuánto logró, en sus primeros cinco años. Los dirigentes bolcheviques asignados al Comité Ejecutivo de la Internacional Comunista eran Lenin, Bujarin, Rádek, Trotsky y Zinóviev. Bajo su dirección, la Comintern sentó las bases programáticas y estratégicas para la lucha revolucionaria por la dictadura del proletariado, entre ellas la consigna del gobierno de trabajadores y agricultores; la lucha de los trabajadores comunistas por transformar los sindicatos en instrumentos revolucionarios de lucha de clases; la táctica del frente único; el lugar que ocupa la lucha por el control obrero en la marcha de la clase trabajadora hacia el poder; la defensa de la lucha por la emancipación de la mujer; la posición del proletariado con respecto a la lucha contra la dominación imperialista y la opresión nacional, incluida la liberación del pueblo negro en Estados Unidos; las raíces del fascismo y cómo combatirlo; la organización y estructura de partidos comunistas.

Quiero concentrarme aquí en la visión integrada de la Comintern sobre la revolución mundial. La Comintern incorporó por primera vez dos nuevos elementos decisivos para la lucha revolucionaria por gobiernos de trabajadores y agricultores y la dictadura del proletariado en el siglo XX.

En primer lugar, la victoria y consolidación de la república soviética rusa cambió fundamentalmente la correlación de fuerzas de clases al nivel de la política mundial. La Comintern reconoció que la movilización de la clase obrera internacional y sus aliados en defensa de esta histórica conquista revolucionaria contra el imperialismo era parte integrante de la extensión de la revolución socialista al resto del mundo. "La lucha por la Rusia soviética se ha fundido en la lucha contra el capitalismo mundial", explicó en 1920 el manifiesto del segundo congreso de la Comintern. "El problema de la Rusia soviética ha pasado a ser la piedra de toque para todas las organizaciones de la clase trabajadora".[16]

Esto es hoy más cierto que nunca, cuando dicha conquista inicial de la clase obrera mundial ha sido aumentada con el establecimiento de estados obreros en China, Corea, Vietnam, Europa oriental y Cuba, y otros más en camino en Centroamérica y el Caribe.

En segundo lugar, la Comintern proyectó por primera vez un rumbo hacia una revolución socialista verdaderamente *mundial*. Antes de eso, el movimiento obrero marxista había considerado la revolución socialista como una perspectiva realista solo en un número relativamente pequeño de países industrializados, principalmente en Europa occidental y en Norteamérica. En gran medida, esto reflejaba fielmente el desarrollo desigual del capitalismo y el crecimiento de la clase obrera a escala mundial en la segunda mitad del siglo XIX y comienzos del XX. La lista de miembros de la Segunda Internacional se limitaba casi por completo a partidos obreros de Europa y Norteamérica. El movimiento obrero internacional pagó con creces por ese impedimento. La composición de la Segunda Internacional tornó más difícil resistir el creciente cáncer del racismo y de las apologías del colonialismo que hicieron trizas importantes componentes de esa organización en aquellos años. Lenin siempre combatió esto y dijo la verdad al respecto, tanto cuando militaba en la Segunda Internacional como después.

La Comintern reconoció que la Revolución Rusa había inaugurado un nuevo período en la revolución mundial. Llegó a la conclusión —tras un informe presentado por Lenin a su segundo congreso y un debate y una discusión vigorosos— de que incluso los países económicamente más atrasados podrían "pasar al régimen soviético —y, a través de determinadas etapas de desarrollo, al comunismo— soslayando en su desenvolvimiento la fase capitalista". Esto era posible si se establecía el poder soviético basado en organizaciones de masas y en cuerpos de delegados de trabajadores y campesinos, si la clase trabajadora ejercía la dirección en la lucha por la liberación nacional, y si el gobierno soviético en Rusia acudía a la ayuda de tales regímenes revolucionarios "con todos los medios a su alcance".[17]

Ningún país en el mundo, decía la Comintern, estaba condenado a sufrir un período inevitable e indefinido de desarrollo capitalista con los horrores que eso conlleva. La victoria de los bolcheviques y sus consecuencias habían puesto la revolución socialista al orden del día, no solo en los países industrialmente avanzados o en un puñado de los países coloniales más desarrollados, sino a nivel mundial. Era posible hacer la revolución: no era algo garantizado, ni fácil; sino, de hecho, algo muy difícil. Pero era posible. Ahora esto se podía ver.

Con esa perspectiva en mente, la Comintern volcó sus energías en convertirse en una organización comunista verdaderamente *mundial*. En *todos* los países del mundo pueden y deben construirse partidos marxistas proletarios.

Lenin señaló en su discurso de apertura al segundo congreso de la Comintern que dicha reunión "merece el calificativo de Congreso Mundial... porque se encuentran aquí no pocos representantes del movimiento revolucionario de las colonias y de los países atrasados".[18] Los estatutos aprobados por ese congreso proclamaron que la Comintern, "rompe para siempre con la tradición de la Segunda Internacional para la cual, en los hechos, solo existían los pueblos de raza blanca". En las filas de la Comintern, se leía, "están unidos de forma fraterna los pueblos de raza blanca, amarilla y negra: las masas trabajadoras de toda la Tierra".[19]

Los dirigentes de la Comintern nunca negaron las dificultades que supone esta perspectiva de construir un partido mundial y extender la revolución socialista mundial. Sin embargo, tenían confianza en la clase trabajadora, que en octubre de 1917 había demostrado lo que podía lograr. Esta confianza ha sido confirmada por los 60 años subsiguientes de este siglo, como lo demuestran los sucesos en Centroamérica y el Caribe. Los trabajadores y campesinos de Rusia, dirigidos por los bolcheviques, habían inaugurado la época de la revolución socialista mundial: *nuestra época*.

Al presentar esta visión integral de la revolución socialista mundial, la Comintern reconoció y analizó tanto las *diferencias* como la *interrelación* entre la lucha de liberación de las masas trabajadoras de las colonias y de las naciones oprimidas, y la lucha del proletariado y sus aliados en los países capitalistas económicamente avanzados.

A menos que en los países imperialistas los trabajadores y sus organizaciones dieran un apoyo activo e incondicional a las luchas de liberación nacional, sobre todo en las naciones oprimidas por sus propios gobiernos, no se podrían construir partidos revolucionarios en esos países imperialistas. Al joven proletariado de las naciones oprimidas se le impondrían trabas para encabezar las luchas antiimperialistas y la revolución mundial no podría avanzar. La dirección bolchevique de la Comintern reconoció también la necesidad de forjar la más firme alianza posible entre el nuevo estado soviético y las naciones oprimidas en la lucha contra el imperialismo.

Los dirigentes de la Comintern estaban convencidos, como explicó Lenin en 1921 en el tercer congreso, que "el movimiento de la mayoría de la población del globo terráqueo, encaminado al principio hacia la liberación nacional, se volverá contra el capitalismo y el imperialismo y desempeñará... un papel revolucionario muy grande en las fases sucesivas de la revolución mundial".[20] Esta expectativa sin duda se ha confirmado en el curso de las décadas posteriores de la historia mundial.

Las características específicas de la revolución en Rusia contribuyeron a que los bolcheviques comprendieran esta cuestión y su importancia. Si bien Rusia había surgido como una potencia imperialista a fines del siglo XIX, la gran mayoría de sus pobladores seguían siendo campesinos. Rusia seguía cargando con el monarquismo y los rezagos del feudalismo en todas las esferas de la vida económica, social y política. Esto hizo de Rusia el eslabón más débil del imperialismo y dio a la revolución allí muchas características comunes a las revoluciones en naciones oprimidas.

Durante el último cuarto del siglo XIX, Marx y Engels, alentados por la irrupción de luchas campesinas y del movimiento populista revolucionario en Rusia, previeron la posibilidad de que una revolución democrática contra la autocracia zarista pudiera estimular de manera profunda las luchas revolucionarias de los trabajadores en Europa occidental. Ni siquiera descartaron la posibilidad de que, bajo la condición de victorias simultáneas en Europa, una revolución en Rusia pudiera desenvolverse más lejos y más rápidamente de lo que pareciera probable dado el atraso social, económico y político del país.

Sin embargo, fueron pocos a quienes en el movimiento obrero internacional antes de 1917 les había pasado por la mente que había posibilidades de que la primera revolución socialista exitosa ocurriría en Rusia. Sin embargo, eso fue lo que ocurrió. Y Lenin insistió en que el movimiento obrero de todos los países, incluso de los más avanzados económicamente, tenía mucho que aprender de la experiencia rusa.

"Después de triunfar la revolución proletaria, aunque no sea más que en uno de los países avanzados... Rusia será poco después de esto no un país modelo", escribió Lenin en 1920. "Pero en el presente momento histórico se trata precisamente de que el ejemplo ruso muestra a *todos* los países algo, y algo muy sustancial, de su futuro próximo e ineluctable".[21]

La Comintern nos enseñó que en las naciones oprimidas, la revolución democrática, antiimperialista y agraria y la revolución socialista se combinan. Planteó un curso de acción hacia la construcción de frentes únicos antiimperialistas y hacia la lucha por la dirección proletaria de los mismos. Nos enseñó que los comunistas, a la vez que apoyan cada lucha concreta contra el imperialismo, no importa lo limitada que sea, ni bajo qué liderazgo, tienen que distinguir entre movimientos nacionales revolucionarios basados en los trabajadores y campesinos, y movimientos nacionales dominados por la burguesía que son un obstáculo para la lucha de liberación nacional de las masas trabajadoras oprimidas.

La dirección bolchevique de la Internacional Comunista hizo hincapié en que la clase trabajadora debe construir sus propias organizaciones independientes y asumir la dirección de las luchas de liberación nacional, y no limitarse solo a apoyarlas o aplaudirlas. Que los trabajadores y su partido de vanguardia debían ser los más abnegados al organizar las batallas democráticas y antiimperialistas del conjunto de los pueblos oprimidos.

Estas son algunas de las lecciones que el camarada Handal dijo habían sido despreciadas por la mayoría de los Partidos Comunistas de América Latina durante tanto tiempo.

La Internacional Comunista también trabajó con ahínco para desarrollar un programa y estrategia transicionales, especialmente durante su tercer y cuarto congresos en 1921 y 1922. La mayoría de los dirigentes de la Segunda Internacional, tras la muerte de Engels en 1895, permitió que se desarrollara una brecha cada vez más grande entre la actividad cotidiana en torno a las reivindicaciones inmediatas y democráticas de los trabajadores (lo que denominaron el "programa mínimo"), y la educación y organización de la clase obrera para realizar la revolución socialista y establecer la dictadura del proletariado (el "programa máximo").
El ala colaboracionista de clases, que era la mayoría, li-

mitó su actividad al regateo de reformas dentro del marco del capitalismo, solo rindiendo homenaje de labios afuera a una lejana meta socialista. Muchos revolucionarios de izquierda, en aras de evadir estas trampas, terminaron enfocando su atención casi exclusivamente en el programa máximo, sin comprender —o a lo sumo muy poco— que la lucha por las reivindicaciones inmediatas y democráticas de los trabajadores, de las masas trabajadoras del campo y las nacionalidades oprimidas no solo es un motor potente, sino también necesario, para el cambio revolucionario, y una fuente de cuadros comunistas.

Sin embargo, en Rusia los bolcheviques llevaron a cabo el enfoque proletario delineado en el Manifiesto Comunista y en los escritos políticos de Marx y Engels. En el curso de preparar a los trabajadores rusos para luchar por el poder entre las revoluciones de febrero y octubre de 1917, Lenin y los bolcheviques formularon un programa transicional que sirvió de puente entre la creciente lucha de los trabajadores y los campesinos por reivindicaciones inmediatas y democráticas y su conquista del poder político. Ese programa y esa estrategia permitieron que la vanguardia proletaria cumpliera su cometido.

En base a esta experiencia, los dirigentes rusos de la Comintern buscaron enseñar a los comunistas una estrategia y un método que evitaran la trampa de los programas mínimo y máximo de los reformistas y la solución contraproducente de los ultraizquierdistas. La Comintern reanimó la comprensión de la necesidad de una estrategia que combine la participación y dirección de los revolucionarios en las luchas de los trabajadores y sus aliados por reivindicaciones inmediatas y democráticas, al tiempo que impulsa y explica las reivindicaciones que señalan el camino que deberán seguir los trabajadores para impugnar las prerrogativas de los capitalistas, conquistar un control cada vez mayor sobre sus propias vidas en el trabajo y fuera de él, y asegurar la protección contra la explotación y los efectos de la inflación y el desempleo.

Lo más importante es que todo esto fue integrado en una perspectiva política de avanzar hacia la toma del poder, hacia el establecimiento de un nuevo gobierno basado en los trabajadores y los agricultores. Encabezado por la clase obrera, el pueblo trabajador tenía que derrocar el poder de los tenedores de propiedad y establecer su propio gobierno. La Comintern colocó esta idea al centro de su estrategia transicional.

La Comintern también explicó el tipo de gobierno que necesitan los trabajadores para movilizar a sus aliados y avanzar hacia la expropiación de los capitalistas. Presentó la lucha por los gobiernos de trabajadores y agricultores no simplemente como una forma popular de expresar la meta socialista de lograr la propiedad y planificación estatales, sino como consigna transicional que señala el instrumento político que necesita la clase trabajadora para consolidar su poder político; para educar, organizar y movilizar al pueblo trabajador; para expropiar a los capitalistas; y para comenzar el proceso de construcción socialista sobre la base de la propiedad y planificación estatales. Dicho gobierno, que surgiría de una revolución popular victoriosa, abre el camino hacia la consolidación de la dictadura del proletariado.

Esta discusión sobre el gobierno de trabajadores y agricultores surgió de las experiencias de revoluciones tanto exitosas como derrotadas que vivió la generación de la Comintern: en Rusia, Alemania, Hungría y otras partes. Las lecciones planteadas ahí con claridad han contribuido enormemente a nuestra propia capacidad de entender y aprender de gobiernos transicionales como el que vimos en Cuba entre mediados de 1959 y finales de 1960, y como los que vemos hoy día en Nicaragua y Granada. En nuestro intento de entender las transformaciones revolucionarias en estos países, hemos retornado una y otra vez a las discusiones de la Comintern.

A los gobiernos de trabajadores y agricultores los caracteriza una etapa de la lucha de clases en la cual las relaciones de propiedad capitalistas aún no han sido abolidas, pero en la que los trabajadores y los agricultores han conquistado el poder político por medio de una revolución genuina. La tarea principal de los revolucionarios proletarios en este tipo de gobierno es la de organizar, movilizar y elevar la conciencia de la clase trabajadora y sus aliados, y guiarlos a través de la lucha de clases hacia la expropiación de la burguesía y la consolidación de un estado obrero.

Los dirigentes bolcheviques de la Comintern estaban convencidos de que el ritmo de este período de transición lo determinarían las condiciones objetivas, la correlación de fuerzas entre las clases tanto a nivel interno como externo, y el nivel de organización y preparación de la clase trabajadora y su dirección.

El proletariado y los campesinos pobres de la Rusia soviética se vieron forzados a expropiar a la burguesía y entrar en conflicto con los sectores más ricos del campesinado mucho más rápidamente de lo que se había planeado originalmente. Estos pasos se los impusieron a la república soviética a mediados de 1918 invasiones imperialistas a gran escala y el comienzo de la guerra civil. Sin embargo, el proletariado de Rusia pagó un precio elevado por esto. En

1921, cuando el grueso de las fuerzas contrarrevolucionarias había sido derrotado, la dirección soviética organizó un repliegue de estas medidas previas, dando paso a la Nueva Política Económica (NEP). La requisa forzada de granos a los campesinos, necesidad impuesta por la guerra para abastecer de alimentos a los soldados y a los trabajadores en las ciudades, se remplazó con un impuesto en especie; los campesinos podían entonces retener el resto de su producción para consumo familiar o para su venta en el mercado. La NEP también incluyó medidas para reanimar la producción industrial, la cual había sido gravemente afectada durante la guerra civil. Se tomó la decisión de arrendar a capitalistas extranjeros y a algunos empresarios que aún permanecían en la propia Rusia el uso de ciertas fábricas, minas, bosques y pozos petroleros nacionalizados.

Como explicaron Lenin y Trotsky durante el tercer y cuarto congresos de la Comintern, muchas otras revoluciones tendrían que seguir políticas similares a las adoptadas durante la NEP en Rusia. Sin embargo, si son afortunadas, las revoluciones futuras no se verán forzadas a aplicar esta política en la forma de una retirada estratégica, como fue el caso en la Rusia soviética, sino que podrían hacerlo desde el comienzo como una transición menos violenta y costosa.

Las expropiaciones instantáneas a granel no eran la mejor forma de que la clase trabajadora se preparara para administrar la economía en su conjunto desde el nivel de la fábrica hasta la planificación nacional. El ritmo y las prioridades menos costosos en cada situación particular dependían de saber dirigir la lucha de clases de los trabajadores en las ciudades y de los trabajadores agrícolas y campesinos pobres en el campo, de fomentar y organizar los sindicatos y otras organizaciones de masas, fortalecer al pueblo trabajador frente a la contrarrevolución tanto dentro como fuera del país, mantener y expandir la producción para satisfacer las necesidades del pueblo y financiar nuevos proyectos masivos de construcción, entre otras cosas.

"Haremos el mayor número de concesiones, claro que sin rebasar los límites de lo que el proletariado *puede* conceder, sin dejar de ser la clase dominante", escribió Lenin, al explicar la NEP.[22] En tanto el proletariado mantuviera de forma sólida su alianza con los campesinos pobres y con sectores del campesinado medio y se mantuviera en el poder, se podría emplear una gran flexibilidad para organizar la transición del capitalismo al socialismo.

La Comintern no pretendió predecir la forma particular que tomaría un gobierno de trabajadores y agricultores. La clave radicaba en que estaría basado en una alianza de las clases explotadas: una alianza del proletariado, que es una clase estratificada, con el campesinado, un abanico de clases sustancialmente más estratificado.

Sin esa alianza, la revolución no podría triunfar. Lenin subrayó que esto era importante no solo en países como Rusia, donde el campesinado era la vasta mayoría de la población, sino también en países industrialmente avanzados. Esto era cierto a pesar de las grandes diferencias en cuanto al tamaño de la clase trabajadora respecto del campesinado, y en cuanto a las relaciones entre las clases y las formas de propiedad de la tierra en el campo. La clase trabajadora en cada país debía desarrollar un programa y una estrategia para forjar una alianza con aliados potenciales entre los demás trabajadores, sobre todo los del campo.

Después del severo derrame cerebral que puso fin a la vida política de Lenin en marzo de 1923 (él murió a comienzos de 1924), se desarrolló una lucha política en el seno de la dirección del Partido Comunista de la Unión Soviética. Este debate reflejaba, en realidad, una profundización de la lucha de clases que determinaría si se iba a mantener y aplicar el curso elaborado por los primeros cuatro congresos de la Comintern, o si éste sería socavado y finalmente revertido. En aquellos años la república soviética enfrentaba tremendos obstáculos, incluido el reflujo revolucionario en Europa, que comenzó en 1920 y vio su tercera derrota en Alemania en 1923; el bloqueo imperialista; el costo sostenido de la guerra civil y de las invasiones imperialistas que habían resultado en la miseria generalizada y la pérdida de miles y miles de los trabajadores más conscientes y abnegados.

Estas presiones hicieron posible la consolidación de una casta burocrática, pequeñoburguesa en carácter y perspectiva, que promovía su poder y sus privilegios materiales relativos en contra de los intereses de la clase trabajadora soviética. Sin embargo, para poder hacerlo, la burocracia en ciernes tenía que idear una explicación ideológica para justificar un curso de acción que en la práctica negaba todo el programa y la estrategia de la Comintern, la cual había buscado utilizar el poder soviético para profundizar la revolución y extenderla a escala internacional. El internacionalismo proletario fue reemplazado lenta pero inexorablemente con intereses nacionales rusos al servicio de la casta privilegiada. Todo esto culminó a comienzos de la década de 1930 con la degeneración, más allá de toda esperanza de reforma, de la dirección del Partido Comunista soviético y de la Comintern.

Este proceso no ocurrió súbitamente. Trotsky encabezó una oposición contra algunos importantes virajes políticos, señales de peligro que habían comenzado a aparecer ya para finales de 1923. Unos cuantos años más tarde, una situación revolucionaria que se desarrollaba en China se convirtió en una de las primeras pruebas de la dirección política de las medidas entonces elaboradas para la Comintern por Stalin y Nicolás Bujarin.

Contra la perspectiva de que la clase trabajadora, en alianza con las masas campesinas, desempeñe el papel político principal —que fue la perspectiva aprobada por la Comintern en su segundo congreso en 1920 y ratificada en los siguientes dos congresos—, en 1927 Stalin y Bujarin comenzaron a proyectar lo que llamaron el "bloque de las cuatro clases" para el avance de la revolución china. Como escribió León Trotsky un tiempo después, "La idea fundamental de los estalinistas era transformar a la burguesía china en dirigente de la revolución nacional", y específicamente al principal partido burgués de China, el Kuomintang, encabezado por el general Chang Kai-shek.[23]

Proponer abiertamente, y defender como perspectiva de la Comintern, que se dependiera de un ala de la burguesía habría representado una ruptura demasiado descarada con su programa y el del Partido Comunista Ruso. Así que en lugar de ello Stalin alegó que el Kuomintang era en realidad un "partido de trabajadores y campesinos", y no un partido nacionalista burgués. Contradiciendo todas las resoluciones previas de la Comintern sobre la cuestión nacional y colonial, Stalin ordenó al joven e inexperto Partido Comunista Chino que abandonara su independencia política y organizativa antes de ingresar al partido de Chang. A los cuadros del PC se les instruyó que aceptaran la dirección política de Chang y que no se diferenciaran del programa y estrategia burgueses del Kuomintang —ya no se diga criticarlos—, aunque estos eran un obstáculo a la revolución democrática contra la dominación imperialista, el latifundismo y el caudillismo militar en China.

A fin de no antagonizar a los partidarios capitalistas del Kuomintang, muchos de quienes también eran grandes terratenientes, Stalin ordenó al Partido Comunista Chino renunciar a la organización de *soviets* —consejos de trabajadores y campesinos— en la ciudad y el campo, frenar las luchas campesinas por la reforma agraria, y donde fuera posible fomentar acuerdos mediante el arbitraje cuando los trabajadores entraran en conflicto con sus patrones.

De esta manera, no solo se subordinó el partido proletario a la maldirección burguesa de la revolución, sino que además se impuso una camisa de fuerza a las luchas de los trabajadores y los campesinos, las cuales eran clave para la victoria. Los mejores militantes se fueron desmoralizando paulatinamente.

Los frutos amargos de esta política de colaboración de clases se cosecharon en abril de 1927. Bajo la dirección del Partido Comunista Chino, los trabajadores de Shanghai habían derrocado el control que ejercían los caudillos militares feudales reaccionarios en esa ciudad y establecieron allí su propio poder. Sin embargo, la dirección estalinista de la Comintern le ordenó al PC dar la bienvenida a Shanghai al ejército de Chang, y desarmar a los trabajadores chinos. Atemorizado por el poder e independencia demostrados por la clase trabajadora china al tomarse Shanghai, el ejército de Chang brutalmente masacró a miles de trabajadores, aplastó a los sindicatos e impuso una dictadura militar en defensa de la propiedad y los intereses de clase de la burguesía.

No habiendo aprendido nada de este desastre, Stalin

instó entonces al PC a que echara su suerte con una supuesta ala izquierda dentro de la dirección burguesa del Kuomintang, lo que rápidamente llevó a otra oportunidad perdida y a otra masacre de trabajadores en la ciudad de Wuhan el mes siguiente.

Previamente, en 1926, Trotsky se había unido a Gregorio Zinóviev, León Kámenev y otros dirigentes comunistas de la Unión Soviética para formar la Oposición Unida dentro de la dirección del partido para luchar por un cambio en la política seguida en ese entonces en una variedad de cuestiones internas e internacionales.

La Oposición Unida arguyó correctamente que lejos de guardar continuidad con la política bolchevique, el curso de Stalin y Bujarin en China era el renacer de la política menchevique de: (1) rechazar la alianza obrero-campesina y el papel dirigente de la clase obrera en dicho alineamiento; y (2) imponer una camisa de fuerza a las luchas de los trabajadores y los campesinos a fin de no "asustar" a la burguesía. Este había sido el curso propuesto por los mencheviques para la Revolución Rusa incluso hasta 1917, y a mediados de la década de 1920, los mencheviques en el exilio alabaron la línea política de Stalin acogiéndola como un viraje "marxista" del gobierno soviético y la Comintern.

En septiembre de 1927, varios meses después de las derrotas en Shanghai y Wuhan, la Oposición Unida presentó una extensa plataforma para consideración del Buró Político del Partido Comunista soviético.[24] Esta plataforma incluía una sección donde se abogaba por el retorno a una estrategia para la revolución china fundada en las posiciones del partido y de la Comintern cuando estaban bajo la dirección de Lenin.

El resultado neto de "la política fundamentalmente equivocada" de la dirección estalinista, decía la plataforma, fue que en el momento decisivo del enfrentamiento entre la revolución y la contrarrevolución en los primeros meses de ese año, "no había en China un verdadero partido bolchevique". Los maldirigentes habían perseguido "la aplicación de la táctica menchevique de la revolución democrático-burguesa" en China, insistiendo en la subordinación de los trabajadores y los campesinos a la dirección supuestamente revolucionaria de la burguesía, o sea, de su principal partido, el Kuomintang de Chang Kai-shek.

La verdadera clave de la revolución china, decía el documento, consiste de estos dos puntos:

En primer lugar, "Los campesinos chinos, más oprimidos que los rusos bajo el zarismo, gimiendo bajo el yugo, no solo de los opresores de su país, sino también de los extranjeros, podían levantarse y se han levantado con mucha más fuerza que los campesinos rusos en la revolución de 1905".

En segundo lugar, los sucesos de 1926-27 confirmaban el "lema de 'los soviets' que Lenin proponía para China en 1920". Dichas organizaciones de delegados basadas en las masas chinas, decía, "hubieran ofrecido formas de consolidación para el poder de los campesinos bajo la dirección del proletariado. Hubieran sido verdaderos órganos de la dictadura democrático-revolucionaria del proletariado y los campesinos", una fórmula usada por los bolcheviques durante el período entre 1905 y 1917 para describir la alianza de fuerzas de clase necesarias para una victoria revolucionaria sobre el zarismo en Rusia.

En contraste con la línea semimenchevique y antibolchevique seguida por Stalin y Bujarin, el documento de la Oposición Unida decía:

La doctrina de Lenin de que una revolución democrático-burguesa solo puede llevarse a cabo por la unión de la clase obrera y los campesinos (bajo la dirección de la primera) en contra de la burguesía, no solo es aplicable a China y a países coloniales y semicoloniales similares, sino que señala en realidad el único camino que puede conducir a la victoria en esos países.

De nuevo aplicando concretamente el programa de Lenin sobre la cuestión nacional y colonial aprobado por el segundo congreso de la Comintern, la plataforma de la Oposición Unida sostenía que —"en el actual período de guerras imperialistas y revoluciones proletarias, modificado como se halla por la existencia de la Unión Soviética"— un gobierno de soviets de trabajadores y campesinos habría tenido en China la oportunidad de dirigir al pueblo trabajador en una transición relativamente rápida de la revolución democrática a la socialista.

El curso seguido por Stalin, señalaba el documento, ha contradicho por consiguiente los tres pilares de la política seguida por la Comintern en sus primeros años en torno a la revolución colonial: (1) la posibilidad del surgimiento de soviets de campesinos y trabajadores en países como China; (2) la necesidad de que los partidos comunistas proletarios mantengan su independencia política en la lucha por la liberación nacional; y (3) el papel esencial que desempeña la alianza obrero-campesina bajo una dirección proletaria en la lucha tanto contra el imperialismo como contra las clases capitalistas de sus propios países.

Este programa presentado en 1927 por la oposición encabezada por Trotsky, Zinóviev y Kámenev pasa bien la prueba de la historia. Era un programa dirigido contra el imperialismo y los gobernantes burgueses y latifundistas. Su objetivo era establecer la dirección proletaria de la revolución democrática y antiimperialista; mantener la independencia política de los trabajadores con respecto al Kuomintang; afianzar la alianza con el conjunto del campesinado en la lucha contra el latifundismo y la dominación extranjera; y abrir el camino tan rápidamente como fuera posible para que el proletariado urbano, en alianza con los trabajadores asalariados agrícolas y los campesinos pobres, comenzara a emprender las tareas socialistas de la revolución.

Esta perspectiva fundamental fue presentada no solo en los documentos de la Oposición Unida, sino también en los propios artículos escritos por Trotsky durante la mayor parte de 1927. En abril de ese año, por ejemplo, escribió que, "la revolución china es perfectamente capaz de llevar al poder político la alianza de trabajadores y campesinos bajo la dirección del proletariado. Este régimen será el vínculo político de China con la revolución mundial.

"En el curso del período de transición", explicó Trotsky, "la revolución china tendrá un carácter auténticamente democrático, obrero-y-campesino. En su ámbito económico es indudable que primarán las relaciones mercantiles capitalistas. El régimen político se orientará principalmente a asegurarles a las masas la mayor porción posible de los frutos del desarrollo de las fuerzas productivas y, a la vez, la utilización política y cultural de los recursos del estado".

Trotsky continuó: "El desarrollo futuro de esta perspectiva —la posibilidad de que la revolución democrática transcrezca en revolución socialista— dependerá total y exclusivamente del curso de la revolución mundial, y de los éxitos económicos y políticos de la Unión Soviética, que son parte integrante de la revolución mundial".

La vía revolucionaria, dijo Trotsky, solo se puede abrir "si el proletariado desempeña el papel dirigente en la revolución democrática nacional", cuyo requisito "es la independencia total del Partido Comunista, y que éste libre una lucha abierta... por la dirección de la clase trabajadora y la hegemonía en la revolución".[25]

Sin embargo, para finales de 1927 y comienzos de 1928, las posiciones de Trotsky empezaron a sufrir un cambio. Llegó a la conclusión de que la plataforma de la Oposición Unida había tratado la revolución china "de forma extremadamente insuficiente, incompleta y en parte categóricamente falsa".[26] ¿En qué contexto se produjo esta evolución del pensamiento de Trotsky?

En el decimoquinto congreso del Partido Comunista soviético, celebrado en diciembre de 1927, la mayoría encabezada por Stalin y Bujarin no solo rehusó reconocer o corregir de forma fundamental sus errores respecto a la revolución china, sino que además expulsó a la Oposición Unida. En respuesta a lo cual, Zinóviev y Kámenev capitularon en seguida y renunciaron a su adherencia a la plataforma de la Oposición.

Bajo estas presiones, Trotsky reformuló sus puntos de vista con respecto a China para clarificar aún más nítidamente sus diferencias con Stalin y Bujarin. Trotsky demostró con exactitud el peligro del acelerado alejamiento de la dirección Stalin-Bujarin del curso revolucionario trazado por la Comintern cuando Lenin aún vivía. Sin embargo, al mismo tiempo Trotsky introdujo en la opción que proyectaba para la Internacional Comunista una predisposición izquierdista errónea. En esto hacía eco de algunas de sus diferencias con Lenin en la década y media que culminó en la revolución de 1917. Por lo tanto, antes de evaluar las nuevas posiciones presentadas por Trotsky sobre China en 1928, es útil estudiar los debates que tuvieron lugar en el movimiento obrero ruso antes de 1917.

Lecciones de la Revolución Rusa

¿CUÁLES ERAN LAS OPINIONES de Trotsky antes de 1917 sobre la estrategia y las alianzas entre las clases en la Revolución Rusa? La presentación más sistemática de estos puntos de vista la podemos encontrar en su obra escrita en 1906 titulada *Resultados y perspectivas* y en varios otros artículos escritos entre 1907 y 1909 que han sido recopilados en el libro *1905*.[27] Estos escritos presentan la posición de Trotsky sobre lo que él y su colaborador político Alejandro Helphand (Parvus) llamaban la "revolución permanente" en Rusia.

Trotsky consideraba que la Revolución Rusa estaba ligada orgánicamente a la revolución mundial. La Revolución Rusa, escribió, podría iniciar y ayudar al avance de la revolución proletaria en Europa occidental. La única forma de defender y dar impulso a la revolución en Rusia era extendiéndola a otros países. En esta cuestión, Trotsky y Lenin estaban fundamentalmente de acuerdo.

Trotsky sostenía que la burguesía liberal en Rusia era incapaz de dirigir la revolución democrática a la victoria. El aliado de clase clave de los trabajadores era la masa del campesinado, y no los capitalistas liberales. En esto también había un amplio acuerdo entre Trotsky y Lenin en contra de los mencheviques.

Aunque la joven clase obrera rusa era pequeña con relación a la abrumadora mayoría campesina, Trotsky sostenía que no obstante era numerosa en términos absolutos y estaba concentrada en grandes fábricas en varias de las ciudades más importantes. La gran desigualdad de desarrollo en la historia mundial había presentado en la atrasada Rusia la oportunidad de que la clase trabajadora por primera vez tomara el poder y lo mantuviera. Si la revolución democrática contra el zarismo, el latifundismo y el medievalismo con todos sus rezagos había de tener éxito, creía Trotsky, entonces los trabajadores debían conquistar el poder directamente y a nombre propio desde un principio.

Ninguna alianza de los trabajadores y los campesinos, dijo Trotsky, podría llevar la revolución democrática hasta la victoria a menos que los trabajadores mismos establezcan el poder obrero, la dictadura del proletariado. "En el caso de una victoria decisiva de la revolución", escribió en *Resultados y perspectivas,* "el poder pasará a manos de la clase que juegue un papel dirigente en la lucha, en otras palabras, a manos del proletariado". El único desenlace posible sería *"un gobierno obrero revolucionario,* la conquista del poder por el proletariado ruso".[28]

Estos puntos de vista eran cualitativamente diferentes de los de los mencheviques y otros que propugnaban la colaboración de clases. Reflejaban una perspectiva revolucionaria.

Sin embargo, las posiciones de Trotsky diferían de las de Lenin y los bolcheviques. ¿Cuáles eran esas diferencias? Tenían que ver, sobre todo, con el carácter de la alianza que debía forjar la clase trabajadora con el conjunto del campesinado en Rusia. ¿Qué peso tuvo y qué lugar ocupó esta alianza en la estrategia global de los trabajadores para derrocar al zarismo, al latifundismo, y tomar el poder? ¿Qué relación hubo entre esta alianza y la lucha de los trabajadores por sus propias reivindicaciones de clase y su marcha, junto a los pobres del campo, hacia la expropiación de la burguesía y los primeros pasos hacia el socialismo?

Lenin insistió en que, si bien no es una consigna o una demanda, la fórmula "dictadura revolucionaria del proletariado y el campesinado" presentaba "una descripción marxista del contenido de clase de la revolución victoriosa" en Rusia. Esto concordaba con el programa, estrategia y tácticas proletarios de los bolcheviques para la Revolución Rusa.

"He aquí el punto de vista que con toda firmeza sostiene nuestro partido: el papel del proletariado es *el papel de guía* de la revolución democrático-burguesa", escribió Lenin en 1909; "para llevarla hasta la victoria son necesarias *las acciones conjuntas* del proletariado y el campesinado; no puede conseguirse la victoria sin *la conquista del poder político* por las clases revolucionarias".[29]

Diez años más tarde, escribió:

> El atraso de Rusia hizo coincidir de un modo peculiar la revolución proletaria contra la burguesía con la revolución campesina contra los terratenientes. De ahí partimos en octubre de 1917 y no hubiéramos vencido entonces con tanta facilidad de no haber arrancado de ahí. En 1856, refiriéndose a Prusia, Marx indicaba ya la posibilidad de una original combinación de la

revolución proletaria con una guerra campesina. Los bolcheviques, desde el comienzo de 1905, abogaban por la idea de la dictadura democrático-revolucionaria del proletariado y del campesinado.[30]

Fue sobre todo en torno a esta cuestión —el lugar y peso que la clase obrera rusa debía asignar a la combinación de "la revolución proletaria contra la burguesía con la revolución campesina contra los terratenientes"— que se distanciaron políticamente entre sí Trotsky y Lenin, y sobre la cual el triunfo de 1917 y las experiencias revolucionarias subsecuentes demostraron que Lenin tenía la razón.

Trotsky, al igual que Lenin, reconocía la importancia de la lucha de clases librada en el campo por los trabajadores agrícolas y los campesinos pobres contra los campesinos más ricos, quienes a menudo contrataban mano de obra y ponían en arrendamiento sus tierras. Como clase, los trabajadores tenían interés en respaldar activamente a los pobres del campo en sus luchas contra los campesinos explotadores. Sin embargo, a diferencia de Lenin, Trotsky insistió en que estas divisiones de clases en el campo descartaban de por sí una estrategia de alianzas con sectores amplios del campesinado ruso en su conjunto y sus partidos.

Los bolcheviques insistían en que el proletariado en Rusia y su partido de vanguardia debían ir en pos de tal alianza para derrocar a la autocracia zarista y al latifundismo, y al mismo tiempo fomentar la organización independiente de los trabajadores agrícolas y los campesinos pobres, es decir, los aliados más fiables de la clase trabajadora y quienes más probablemente seguirían al lado de los trabajadores conforme se ahondara el curso socialista de la revolución.

Trotsky tenía una visión menos acertada que Lenin respecto al potencial radicalizador y al peso de las luchas campesinas en la revolución democrática contra el zarismo y los rezagos del feudalismo en Rusia. En 1915, Trotsky debatió con Lenin en las páginas del periódico parisino *Nashe Slovo*. Trotsky insistió que:

> En base a la experiencia de la Revolución Rusa y de la reacción, hoy podemos esperar que el *campesinado* va a desempeñar un papel menos independiente —y menos decisivo aún—, en el desarrollo de acontecimientos revolucionarios del que desempeñó en 1905. En tanto el campesinado ha permanecido prisionero de la esclavitud del "estamento" y feudal, sigue padeciendo de falta de unidad económica e ideológica, de inmadurez política, de atraso cultural y desesperanza. A pesar de su elemental oposición al viejo régimen, en todo movimiento la energía social del campesinado se ve siempre paralizada por esas debilidades. Estas lo obligan a frenar su actividad en el momento preciso cuando realmente comienza la acción revolucionaria.
>
> En este período, el progreso económico y cultural del campesinado ha avanzado siguiendo el curso del desarrollo burgués y ha implicado un mayor desarrollo de las contradicciones de clase dentro del propio campesinado. Esto significa que para el proletariado industrial ahora se trata —a un grado incalculablemente mayor que en 1905— de atraer a su lado a los elementos proletarios y semiproletarios del campo, más que al campesinado

como "estamento". Bajo estas circunstancias, el movimiento revolucionario adquiere un carácter incomparablemente menos "nacional" e incomparablemente más de "clase" del que había tenido incluso en 1905.[31]

Lenin respondió a este artículo escrito por Trotsky en 1915, señalando su falla de no reconocer la necesidad de que el proletariado combine una alianza con las masas campesinas para realizar la revolución democrática con los preparativos para profundizar el curso socialista de la revolución una vez se hubiera conquistado la victoria sobre el zar.

Lenin estuvo de acuerdo con Trotsky en que "La diferenciación del campesinado ha hecho crecer la lucha de clases en su seno, ha despertado a muchos elementos que dormían políticamente, ha aproximado al proletariado urbano el proletariado rural".

Al mismo tiempo Lenin subrayó que "el antagonismo entre el 'campesinado' y [el viejo orden] se ha acentuado, es mayor, más profundo. Esta es una verdad tan evidente que *ni* los miles de frases en decenas de artículos parisienses de Trotsky podrán 'refutarla'".

Trotsky contrapuso la alianza del proletariado con el campesinado en su conjunto a una alianza con los pobres del campo. Lenin, por otro lado, perseguía un curso de acción con miras a impulsar a la clase trabajadora sobre una línea de marcha que la capacitaría para dirigir la revolución democrática y estar en la posición más firme posible a medida que ese proceso se desencadenaba para avanzar hacia la expropiación de los explotadores. A diferencia de Trotsky, Lenin presentó una estrategia para la transición de la revolución democrática a la socialista basada en la comprensión concreta de las alianzas cambiantes entre las clases en cada etapa de esta gigantesca transformación política, social y económica. Concluyendo su polémica contra el artículo de Trotsky, Lenin escribió:

> El proletariado lucha y seguirá luchando con abnegación por la conquista del poder, por la república, por la confiscación de las tierras, *es decir,* por ganarse al campesinado, por *utilizar hasta el fin* sus fuerzas revolucionarias, y por hacer que "masas populares *no* proletarias" participen en la emancipación de la Rusia *burguesa* del "imperialismo" *militar-feudal* (= zarismo). Y el proletariado aprovechará inmediatamente esta liberación de la Rusia burguesa del zarismo y de las tierras del poder de los terratenientes, no para ayudar a los campesinos acomodados en su lucha contra los trabajadores agrícolas, sino para llevar a cabo la revolución socialista en alianza con los proletarios de Europa.[32]

Fue ésta la concepción bolchevique de las fuerzas y carácter de clase de la Revolución Rusa, y la base del curso político que culminó en la victoria bolchevique de 1917. Esto ya se había explicado en fecha tan temprana como 1905, en el folleto de Lenin, *Dos tácticas de la socialdemocracia en la revolución democrática.*[33] Y, como el mismo Lenin lo expresó en varias ocasiones después de la victoria de octubre de 1917, describía acertadamente el desencadenamiento y profundización de la lucha de clases en Rusia una vez que el proletariado en alianza con los campesinos había conquistado el poder.

En comparación con la teoría de la revolución permanente de Trotsky previa a 1917, los bolcheviques bajo la dirección de Lenin habían desarrollado una comprensión mucho más compleja y precisa —tanto en la teoría como en la práctica— de la contradictoria y cambiante alianza obrero-campesina y de la relación entre las revoluciones democrática y socialista en Rusia. A lo largo de unos 15 años que precedieron a la revolución de 1917, los puntos de vista centristas de Trotsky sobre las alianzas con otras clases y la estrategia a seguir se vieron reflejados frecuentemente en posiciones políticas centristas. El curso político de Trotsky, a diferencia del trazado por Lenin, no habría podido orientar al proletariado a asumir la dirección del campesinado en la victoria sobre el zarismo y las clases dominantes burgués-latifundistas en octubre de 1917.

Entre las evaluaciones sobre las diferencias que habían entre Lenin y Trotsky en los años previos a 1917, y de su significado desde el punto de vista de los acontecimientos posteriores, una de las más sucintas y exactas, la dio el propio Trotsky en un discurso pronunciado en diciembre de 1926 ante el comité ejecutivo de la Comintern. Es muy similar a otras cosas que Trotsky dijo y escribió desde finales de 1923, cuando se desató una campaña contra el "trotskismo", iniciada por quienes buscaban que no se tuviera en consideración la lucha política que entonces libraba Trotsky para impedir que Stalin y otros dentro de la dirección del Partido Comunista Ruso echaran atrás el curso leninista.

Refiriéndose al período previo a 1917, Trotsky dijo en 1926 ante el comité ejecutivo de la Comintern:

Las diferencias de aquella época en la que yo me encontraba fuera del Partido Bolchevique eran de bastante peso. Tenían que ver, en términos amplios, con la evaluación concreta de las relaciones entre las clases dentro de la sociedad rusa y la perspectiva resultante de ello con respecto a la próxima revolución. Por otro lado, estas diferencias tenían que ver con los métodos y vías de construir el partido y las relaciones con el menchevismo. En ambas cuestiones... con mucho, no todos los camaradas aquí presentes tenían la razón contra mí, pero el camarada Lenin, su doctrina y su partido, estuvieron absolutamente correctos contra mí.

Más adelante, en ese mismo discurso de 1926, Trotsky dijo: "Si la 'revolución permanente', en tanto difería de la concepción leninista, estaba errada, mucho en ella, no obstante, era correcto, y fue eso lo que me posibilitó llegar al bolchevismo".[34]

Cualesquiera que hayan sido las debilidades de la teoría de revolución permanente de Trotsky con respecto al programa y la estrategia bolcheviques, a diferencia del programa de los mencheviques era una perspectiva que revolucionarios genuinos podían sostener. Se ubicaba en el mismo campo revolucionario que el de Lenin, y fue por ello que Trotsky pudo unirse y traer consigo a sus camaradas más cercanos al Partido Bolchevique a mediados de 1917, pasar a ser parte de su equipo de dirección, y seguir siendo bolchevique el resto de su vida. La concepción de Trotsky no distaba tanto de la plataforma bolchevique como para que fuera necesario deshechar y remplazar por completo su comprensión anterior de la dinámica de clases de la revolución a fin de que se le captara al bolchevismo. No se puede decir lo mismo de los pocos mencheviques individuales que ingresaron al partido de Lenin en 1917; ellos sí tuvieron que romper decisiva y fundamentalmente con toda su concepción anterior de la revolución, sus fuerzas de clases dirigentes, y sus metas.

Sin embargo, el otro aspecto de lo expresado por Trotsky en 1926 también es cierto. Sus diferencias con las posiciones de Lenin antes de 1917 eran "de bastante peso", y su teoría de "'revolución permanente', en tanto difería de la concepción leninista, estaba errada".

Es más, estas diferencias estratégicas globales estaban relacionadas con las posiciones conflictivas que se habían desarrollado en el curso de una década y media sobre importantes cuestiones políticas. Pasemos revista a algunas de las diferencias estratégicas que se revelaron durante el tramo que va desde el comienzo de la primera guerra imperialista mundial en agosto de 1914 al comienzo de la Revolución Rusa menos de tres años después, en febrero de 1917.

Al estallar la Primera Guerra Mundial, Trotsky fustigó inmediatamente la capitulación social-patriota de la mayoría de los dirigentes de la Internacional Socialista, o Segunda Internacional como a menudo se le llamó, quienes se alinearon con "sus propias" burguesías en la guerra. Trotsky hizo un llamamiento a luchar contra "los chauvinistas falsificadores del marxismo" y a "agrupar las fuerzas de la Tercera Internacional".[35] Respecto a estas cuestiones, que provocaron un cisma en la Segunda Internacional, Trotsky estaba sólidamente en el campo revolucionario junto a Lenin y los bolcheviques y a la izquierda alemana dirigida por Rosa Luxemburgo y Carlos Liebknecht.

No obstante, las diferencias entre Trotsky y Lenin persistieron, e incluso se agudizaron respecto a algunos problemas sustanciales. Su posición y conducta políticas durante los primeros años de la guerra fueron un obstáculo, y no una ayuda, a los esfuerzos de los bolcheviques por forjar un ala revolucionaria proletaria en la Internacional Socialista que rompiera decididamente con los social-patriotas y formara una Internacional nueva, revolucionaria. Trotsky no respaldó firmemente a Lenin ni contra el centrismo de los mencheviques, quienes perseguían un curso conciliador hacia los social-patriotas declarados y esperaban revivir a la Internacional Socialista una vez se restableciera la paz en Europa, ni contra los errores sectarios ultraizquierdistas de revolucionarios como Rosa Luxemburgo sobre la cuestión nacional y la cuestión agraria.

En 1915, reconociendo el lado fuerte de la respuesta de Trotsky a la guerra, los bolcheviques le propusieron que colaborara con ellos para producir una revista de los internacionalistas rusos. A pesar de más de una década de agudas diferencias con Trotsky, Lenin nunca adoptó una actitud faccional, y trató de forma persistente y objetiva de captarlo a una línea política revolucionaria clara. Sin embargo, Trotsky rechazó la oferta. En cambio, dedicó su tiempo y energías a la producción de un periódico basado en París, *Nashe Slovo,* con un grupo cuyos miembros se autodenominaban Internacionalistas Mencheviques, entre ellos Julio Mártov, y un grupo de ex bolcheviques ultraizquierdistas, como Anatoly Lunacharsky, a quienes Trotsky había congregado en 1912 en el llamado Bloque de Agosto. A pesar de sus perspectivas políticas divergentes, estos individuos formaban ahora un polo de atracción alternativo a la corriente incondicionalmente internacionalista que buscaban construir Lenin y los bolcheviques.

Trotsky arrojó luz sobre su decisión de perseguir ese curso en una aguda carta enviada a los bolcheviques en 1915, en la que rechazaba su oferta de colaboración y caracterizaba el curso de los bolcheviques como faccional y sectario.[36] La línea intransigente de Lenin, escribió, era un obstáculo "para unir realmente a todos los internacionalistas, sin importar los orígenes de su facción o el matiz de su internacionalismo". Los bolcheviques, dijo, subordinan la "lucha contra el social-patriotismo a otras consideraciones y objetivos" que tienen que ver con "fines faccionales o de grupo que no se derivan de las necesidades del movimiento ni de la necesidad de influenciarlo en una dirección internacionalista revolucionaria".

Al oponerse a la incladuicable batalla política de Lenin contra los mencheviques, Trotsky aseveró que las acciones de los dirigentes mencheviques en Rusia desde que se había desatado la guerra "sin duda representan pasos hacia una precisión política e irreconciliabilidad revolucionaria". Claro está que la evaluación política hecha por Lenin de la actividad y la trayectoria de los mencheviques, en la que se basaron las tácticas de los bolcheviques hacia ellos, quedó confirmada después de febrero de 1917, cuando estos mismos dirigentes conspiraron con los capitalistas rusos para continuar la guerra y perseguir los objetivos anexionistas del derrocado régimen zarista.

Estrechamente vinculado a este error político, Trotsky también rechazó la posición de Lenin y los bolcheviques de que "desde el punto de vista de la clase obrera y de las masas trabajadoras de todos los pueblos de Rusia, el mal menor sería la derrota de la monarquía zarista".[37] En la carta de julio de 1915 citada arriba, Trotsky arguyó que esta posición de derrotismo revolucionario "representa una connivencia fundamental con la metodología política del social-patriotismo". En contraposición a la línea bolchevique, Trotsky defendió la estrategia "de movilizar al proletariado bajo la consigna de *lucha por la paz*", e hizo un llamado de "ni derrota ni victoria".

A consecuencia de estas diferencias y de su actitud conciliadora hacia los mencheviques y otras fuerzas centristas, Trotsky rehusó apoyar los documentos del ala izquierda que los bolcheviques encabezaron en la conferencia de Zimmerwald en septiembre de 1915, la cual había sido organizada a iniciativa de fuerzas en la Internacional Socialista que se distanciaron de la posición pro belicista de la mayoría social-patriota declarada. La Izquierda de Zimmerwald luchó por una línea política que claramente propugnara una nueva Internacional así como los esfuerzos de los trabajadores en todos los países por convertir la guerra imperialista en una guerra civil contra sus gobernantes capitalistas. En Zimmerwald Trotsky asumió una posición intermedia entre el ala izquierda encabezada por los bolcheviques y el ala derecha encabezada por los centristas alemanes.[38]

Además, durante los años de la guerra Trotsky pretendió andar a horcajadas en el debate entre Lenin, quien vigorosamente defendía la posición de que el proletariado debía apoyar el derecho de autodeterminación de las nacionalidades oprimidas, y Rosa Luxemburgo (así como otros revolucionarios polacos), quien catalogaba esta posición como una concesión impermisible a los caducos sentimientos nacionalistas pequeñoburgueses. Si bien en el período previo a 1917 Trotsky rechazó el punto de vista de Luxemburgo y abogó por la defensa del derecho a la autodeterminación nacional, en buena medida compartía la opinión de los revolucionarios polacos de que las luchas de liberación nacional en gran parte habían agotado su potencial como fuerza de cambio revolucionario.

De ahí que Trotsky y Lenin respondieran de una manera radicalmente diferente ante la derrota de la Insurrección de Pascua en Dublín, Irlanda, en 1916, dirigida por luchadores de la libertad nacionalistas irlandeses contra la opresión colonial británica.[39] La rebelión, en la que los combatientes irlandeses rechazaron el llamamiento a que subordinaran su lucha al esfuerzo bélico del imperialismo británico, fue ahogada en sangre por el ejército de ocupación. Posteriormente fueron ejecutados los dirigentes de los movimientos republicano y socialista irlandeses.

Trotsky condenó severamente la masacre perpetrada por los imperialistas británicos de "los heroicos defensores de las barricadas de Dublín" y la negación de la autodeterminación a Irlanda. Sin embargo, del aplastamiento de la Insurrección de Pascua concluyó que "la base histórica para una revolución nacional ha desaparecido incluso en la atrasada Irlanda". Su fracaso, dijo, era inevitable debido a la falta de respuesta por parte de los campesinos irlandeses, quienes "se guiaban meramente por el ciego egoísmo típico de los agricultores y su absoluta indiferencia a todo lo que ocurra más allá de los límites de sus parcelas de tierra".

En contraposición, Lenin creía que la Insurrección de Pascua hundía un clavo más en el ataúd en el que yacía el argumento "de que se ha agotado la vitalidad de las naciones pequeñas oprimidas por el imperialismo, de que no pueden desempeñar papel alguno contra el imperialismo, de que el apoyo a sus aspiraciones puramente nacionales no conducirá a nada, etcétera". Vio que la rebelión era un ejemplo más de que

> las llamas de las insurrecciones nacionales *con motivo* de la crisis del imperialismo se han encendido *tanto* en las colonias *como* en Europa, que las simpatías y antipatías nacionales se han manifestado, a pesar de las draconianas amenazas y medidas represivas...
> Pensar que la revolución social es *concebible* sin insurrecciones de las naciones pequeñas en las colonias y en Europa, sin explosiones revolucionarias de una parte de la pequeña burguesía, *con todos sus prejuicios,* sin el movimiento de las masas proletarias y semiproletarias inconscientes contra la opresión terrateniente, clerical, monárquica, nacional, etcétera; pensar así significa *abjurar de la revolución social.*

Lenin prosiguió mordazmente:

> En un sitio, se piensa, por lo visto, que se forma un ejército y dice: "Estamos por el socialismo"; en otro sitio se forma otro ejército y proclama: "Estamos por el imperialismo", ¡y eso será la revolución social!...
> Quien espere la revolución social 'pura', no la verá *jamás.* Será un revolucionario de palabra, que no comprende la verdadera revolución.

Lenin acogió la Insurrección de Pascua como un ejemplo del poder que tienen los movimientos nacionalistas revolucionarios, un augurio de luchas y levantamientos futuros de los pueblos oprimidos durante el siglo XX. Su juicio ha sido confirmado muchas veces en las décadas subsiguientes de luchas de liberación nacional, y no solo en Irlanda, sino también en África, Asia, Latinoamérica y entre las nacionalidades oprimidas en los países imperialistas.

Finalmente, en el transcurso de la guerra Trotsky se convenció más —no menos—, de la imposibilidad de forjar una alianza entre el proletariado ruso y amplios sectores del campesinado. Sobre esta cuestión decisiva de la Revolución Rusa, las diferencias de Trotsky con los bolcheviques se ensancharon hasta la propia víspera de la revolución de febrero de 1917. Al escribir en enero de 1917, Trotsky recordó que en la revolución de 1905:

"Los campesinos se sublevaron y lucharon hábilmente contra sus esclavistas locales, pero se detuvieron con reverencia ante el esclavista de toda Rusia… El ejército fue un instrumento obediente en manos del zarismo. Aplastó la revolución obrera en diciembre de 1905". Es más, prosiguió Trotsky, repitiendo con más fuerza aún el argumento que había presentado en *Nashe Slovo* dos años antes, "hay menos esperanza hoy día para un levantamiento revolucionario del campesinado en su conjunto que hace 12 años".[40]

La perspectiva opuesta de Lenin sobre esta cuestión, basada en la organización del proletariado con el fin de tomar la dirección de una alianza obrero-campesina para derrocar al zarismo y al latifundismo, pasó la prueba de la historia al desencadenarse la revolución menos de un mes después de que Trotsky escribiera esas palabras.

La labor de Trotsky como dirigente central del Partido Comunista Ruso y de la Comintern después de la Revolución de Octubre de 1917 remplazó estos anteriores puntos de vista equivocados, de la misma forma en que estas experiencias y lecciones enriquecieron, corrigieron y remplazaron los anteriores puntos de vista de la mayoría de quienes las vivieron. La dirección rusa funcionó bajo circunstancias en extremo difíciles, entre ellas la intervención imperialista, el bloqueo, la guerra civil y todos sus estragos devastadores. Ellos trabajaron juntos para explicar, defender y extender el programa y la estrategia desarrollados por la Internacional Comunista durante sus primeros cinco años. En este trabajo colectivo ocasionalmente hubo diferencias, incluso algunas muy importantes, como sobre la paz de Brest-Litovsk en 1918, el debate "sindical" en 1921, etcétera. Pero no hubo diferenciaciones fundamentales. Los dirigentes bolcheviques funcionaban como un cuadro políticamente homogéneo.

Sin embargo, tras la última enfermedad de Lenin, a medida que se inició una batalla en torno a continuar la aplicación de la política de la Comintern, quienes se alejaban de este curso revolucionario tiraron una cortina de humo para desviar la discusión dentro de la dirección del PC soviético hacia los errores del curso político seguido por Trotsky antes de la revolución. Stalin, Bujarin y sus seguidores arrancaron fuera de su contexto histórico citas de Lenin sobre Trotsky, y luego procedieron a tildar de "trotskismo" a todos aquellos en la dirección bolchevique que luchaban por mantener el programa de Lenin y de la Comintern.

Trotsky, como ya hemos visto, no negó haber estado equivocado frente a los bolcheviques sobre importantes cuestiones políticas y estratégicas antes de 1917. Dentro del contexto del movimiento obrero ruso, escribió Trotsky en su artículo de 1924 titulado "Nuestras diferencias", había desempeñado un papel centrista. Escribió:

> Mi "conciliacionismo" en muchas coyunturas agudas del trayecto me llevó a choques hostiles con el bolchevismo. La lucha de Lenin contra el menchevismo estuvo inevitablemente complementada con una lucha contra el "conciliacionismo", que a menudo recibió el nombre de "trotskismo"... Ni se me ocurriría ahora, tanto tiempo después de los hechos, disputar lo correcto en principio y lo colosal y profundo de la visión histórica de la crítica que hizo Lenin del "conciliacionismo" ruso, que en sus características esenciales era similar a la corriente internacional del centrismo.[41]

Trotsky fue tildado de "trotskismo" para que la gente cerrara su mente ante su defensa del bolchevismo, y para camuflar el auge de algo muy real: el "estalinismo", que fraudulentamente se hacía pasar por "leninismo".

Sin embargo, tras ser expulsada la Oposición Unida a finales de 1927, y capitular Kámenev y Zinóviev ante Stalin, Trotsky comenzó a cambiar la manera en que explicaba sus diferencias con Lenin previas a 1917. Si bien seguía reconociendo que su posición conciliacionista hacia los mencheviques había sido un error político muy serio, Trotsky comenzó a argüir que había estado en lo correcto en cuanto a algunas importantes cuestiones estratégicas, en particular las asociadas con su teoría de la revolución permanente. En mi opinión, este cambio dio inicio a un proceso en el cual perdió claridad la línea de continuidad revolucionaria que había surgido del programa y estrategia de la Internacional Comunista.

Este cambio en la posición de Trotsky se desarrolló principalmente en el contexto del debate que se estaba dando dentro de la dirección del Partido Comunista soviético sobre las perspectivas de la revolución china y las raíces de la derrota de 1927. Stalin no podía conceder abiertamente su ruptura con las posiciones de Lenin, así que tanto antes como después de la derrota de 1927, él y Bujarin adornaron sus puntos de vista semimencheviques sobre el Kuomintang y el "bloque de las cuatro clases" en China con el argumento de que simplemente estaban aplicando la fórmula de Lenin sobre la dictadura democrática revolucionaria del proletariado y el campesinado. Arguyeron que la Oposición Unida, al defender el llamamiento a la organización de soviets de trabajadores y campesinos en China, de hecho cometía el error ultraizquierdista de no reconocer el carácter democrático de la revolución en ese país. Esto, se alegaba, era prueba del "trotskismo" de la Oposición Unida.

La Oposición Unida, encabezada por Trotsky, Zinóviev y Kámenev, refutó esta acusación en la plataforma de septiembre de 1927 que citamos anteriormente. "Escarneciendo las enseñanzas de Lenin", decía la Oposición Unida, "Stalin afirmó que la consigna de los soviets en China significaría el exigir una formación inmediata de la dictadura proletaria. Lo cierto es que Lenin, ya desde la época de la revolución de 1905, impulsó la consigna de los soviets como órganos de la dictadura democrática del proletariado y de los campesinos".[42]

Antes de 1928, Trotsky también había rechazado esta acusación. En mayo de 1927, por ejemplo, Trotsky descartó "la opinión insensata... atribuida a la Oposición, de que China se encuentra ahora en la víspera de una dictadura socialista del proletariado". En lugar de ello, escribió, la Oposición sostuvo la posición de Lenin de que la revolución democrática victoriosa, "bajo condiciones favorables, comenzaría a transcrecer en revolución socialista".[43] Sin embargo, durante los últimos meses de 1927 y comienzos de 1928, a medida que Stalin llenaba de contenido oportunista las fórmulas y consignas de Lenin, Trotsky se fue convenciendo cada vez más de que aplicar la fórmula "dictadura democrática revolucionaria del proletariado y el campesinado" a la revolución china solo podría servir como puente para llegar a posiciones mencheviques.

La nueva evaluación de Trotsky sobre estas cuestiones y su relación con los errores cometidos en China fue presentada en su crítica de 1928 del desastroso curso seguido por Stalin y Bujarin.[44] Trotsky había preparado este documento para el Sexto Congreso de la Comintern, mientras se encontraba exiliado en el Asia central soviética por orden de Stalin. A Trotsky no solo se le impidió participar en el congreso sino que, además, en el mismo se suprimieron sus críticas, aunque unas cuantas copias les fueron entregadas a miembros de la comisión encargada de discutir el proyecto de programa para la Comintern.

En este documento Trotsky aún no insistía, como haría en la década de 1930, en lo correcto, en lo referente a la *Revolución Rusa,* de su propia teoría de la revolución permanente previa a 1917. Escribió que "el mito de la 'revolución permanente' de 1905... fue puesto en circulación en 1924 [por aquellos en la dirección del PC soviético que estaban en desacuerdo con él] para sembrar confusión y desconcierto".

En realidad, el documento de 1928 de Trotsky presentaba una descripción de la fórmula bolchevique sobre la dictadura democrática revolucionaria que por lo general correspondía a las explicaciones ofrecidas por Lenin en 1917 y en años posteriores. Trotsky escribió:

> A partir de abril de 1917, Lenin explicaba a sus adversarios que le acusaban de haberse pasado a la "revolución permanente", que la dictadura del proletariado y del campesinado se había realizado ya, en parte, en la época de la dualidad de poder [de febrero a octubre de 1917]. Más tarde precisó que esta dictadura había encontrado su prolongación en el primer período del poder de los soviets desde noviembre de 1917 hasta julio de 1918, cuando el campesinado entero realizaba, junto a los trabajadores, la revolución agraria, mientras que la clase obrera no procedía todavía a la confiscación de las plantas y fábricas y experimentaba con el control obrero.

Si bien ésta había sido la dinámica de la lucha revolucionaria en Rusia, Trotsky, no obstante, estaba convencido de que no se podía esperar en lo absoluto algo similar en China. "*No hay y no habrá* otra 'dictadura democrática' salvo la que ejerce el Kuomintang desde 1925", escribió.

Contrario a la situación en la Rusia zarista, continuó Trotsky,

> No existe en China casta de latifundistas feudales que se oponga a la burguesía. El explotador más común y el más aborrecido en el campo es el kulak-usurero, agente del capital financiero de las ciudades. También la revolución agraria tiene un carácter tanto antiburgués como antifeudal.

En China prácticamente no habrá una etapa parecida a la primera etapa de nuestra Revolución de Octubre, durante la cual el kulak [campesino rico] marchaba con los campesinos medios y pobres, y a menudo a su cabeza, contra el latifundista... Si, en nuestro país, los comités de campesinos pobres no surgieron más que en la segunda etapa de la Revolución de Octubre, hacia mediados de 1918, por el contrario, en China, aparecerán en escena, sea bajo el aspecto que sea, tan pronto como renazca el movimiento agrario. La "deskulakización" será, en China, el primer, y no el segundo paso del octubre chino.

Aquí, como había hecho antes de 1917 con relación a Rusia, Trotsky reconoció un aspecto crucial de la lucha de clases en China: el de la lucha de los pobres del campo contra los campesinos ricos. Pero lo hizo a expensas de reconocer la necesidad de que el proletariado forje una alianza con las capas más amplias del campesinado a fin de llevar a cabo la revolución democrática y abrir el camino a la revolución socialista. Al explicar las consecuencias desastrosas del curso oportunista de Stalin, y luchar por cambiarlo, Trotsky comprimió las etapas de la revolución china.

Uno de los argumentos básicos de su documento de 1928 era que la revolución china, "a pesar de su enorme atraso, o más bien a causa de ese enorme atraso en comparación con Rusia... no va a pasar por un período 'democrático', ni siquiera de una duración de seis meses como fue el caso, de noviembre de 1917 a julio de 1918, de la Revolución de Octubre; desde el principio se verá obligada a efectuar la sacudida y abolición más resueltas de la propiedad privada en la ciudad y en el campo".

El curso real de los sucesos en China demostró cuán errada estaba la idea de Trotsky de que la abolición de la propiedad burguesa en la ciudad y el campo en China sería posible inmediatamente después de que los trabajadores y los campesinos pobres tomaran el poder. Como ya sabemos, tras la victoria de la revolución china en 1949, *hubo un período similar al transcurrido entre noviembre de 1917 y julio de 1918 en Rusia*. En realidad, este período fue mucho más prolongado en China que en la Rusia soviética, a la cual la guerra civil y la intervención imperialista obligaron a comprimir la transición.

Los trabajadores y campesinos chinos, tanto antes como después de la victoria de 1949 sobre Chang Kai-shek, han tenido que pagar un alto precio debido a la maldirección maoísta de su lucha. Pero incluso si a la cabeza de los trabajadores y campesinos chinos hubiese estado una dirección proletaria marxista, habría sido necesario un período para preparar a los trabajadores y campesinos pobres para expropiar a los explotadores y comenzar a organizar la producción sobre una base totalmente nueva. No es un proceso instantáneo, como hemos visto en revoluciones posteriores.

Al combatir los errores derechistas de Stalin, Trotsky introdujo en 1928 errores izquierdistas. Si bien no desafió directamente la estrategia previa a 1917 aplicada a Rusia por los bolcheviques, Trotsky de hecho revivió su propia posición de antes de 1917, en la que rechazaba una alianza con el campesinado en su conjunto en la revolución democrática. Ahora aplicaba esta posición a China y, en consecuencia, a otros países del mundo colonial. En el documento de Trotsky de 1928 estaba ausente el concepto de un régimen y período transicionales, basados en esta alianza obrero-campesina. No propugnaba una estrategia que capacitara a los trabajadores chinos para acumular experiencia y dirigir a sus aliados más consecuentes, los trabajadores asalariados del campo y los campesinos pobres, en la expropiación de los explotadores y el establecimiento de nuevas relaciones de producción basadas en la propiedad y la planificación estatales.

En agudo contraste a su rechazo de cualquier período o régimen transicional en el documento de 1928, Trotsky había escrito en 1922 que un gobierno "similar al nuestro en Rusia cuando creamos un gobierno de trabajadores y campesinos junto a los Socialistas-Revolucionarios de Izquierda... constituiría una transición a la dictadura proletaria, plena y completa".[45]

Trotsky en 1928 se replegaba de los puntos de vista que había compartido con Lenin desde los primeros años de la Revolución Rusa no solo sobre la relación entre las revoluciones democrática y socialista en los países coloniales, sino sobre otra cuestión de estrategia revolucionaria afín. En el cuarto congreso de la Comintern en 1922, Lenin y Trotsky explicaron que una Nueva Política Económica —un período de economía mixta de cierto tipo— será la *norma* después de una victoria revolucionaria de los trabajadores aliados con los campesinos en rebelión.

Solo "las implacables exigencias de la Guerra Civil", dijo Trotsky en dicho congreso, obligaron a la república soviética "a expropiar a la burguesía de un solo golpe, destruir el aparato económico burgués y remplazarlo apresuradamente con el aparato del Comunismo de Guerra".[46] Los trabajadores y campesinos pagaron por esto con creces, como explicaron ambos, Lenin y Trotsky.

Sin embargo, para 1928 Trotsky llegó no solo a anticipar, sino a abogar por una transición apresurada de ese tipo "de un solo golpe", para la revolución en China, un país donde se sentía más aún que en la Rusia zarista el peso de las relaciones sociales precapitalistas. Trotsky también había explicado en 1922, refiriéndose a la discusión sobre la consigna del gobierno de trabajadores y campesinos en el cuarto congreso de la Comintern, que el "gran valor que tiene esta consigna para nosotros" reside en que representa "una *etapa* hacia la dictadura del proletariado".[47]

El movimiento internacional del cual nosotros en el Partido Socialista de los Trabajadores formamos parte traza su nacimiento como corriente política internacional organizada a la crítica —con sus debilidades izquierdistas— que hizo Trotsky en 1928 del curso antimarxista de Stalin. Fue ese el documento —no la plataforma de la anterior Oposición Unida—, que obtuvieron James P. Cannon y Maurice Spector mientras asistían al sexto congreso de la Comintern en 1928, y en torno al cual se agruparon y sobre el que se educaron los primeros cuadros de nuestro movimiento en Norteamérica y a nivel internacional.

La esencia política de ese documento sigue siendo algo en lo que seguimos basados y de lo que seguimos aprendiendo cada vez que lo leemos: una poderosa defensa de la perspectiva internacionalista proletaria de Marx, Engels y Lenin contra el curso seguido por Stalin al abandonarla y remplazarla con una estrecha perspectiva nacionalista rusa que reflejaba los intereses de una burocracia privilegiada en proceso de cristalización.

El dirigente del Partido Comunista de Cuba, Fidel Castro, al informar sobre el programa de fundación del partido durante su primer congreso en 1975, dijo que "La política exterior de Cuba tiene como punto de partida... la subordinación de las posiciones cubanas a las necesidades internacionales de la lucha por el socialismo y por la liberación nacional de los pueblos".[48] Esa fue la posición que Trotsky luchaba por revivir en 1928 como punto de partida para el Partido Comunista soviético y para la Internacional Comunista.

El documento escrito por Trotsky en 1928, correctamente rechazó el curso tomado por Stalin hacia la subordinación del proletariado y campesinado chinos a la maldirección del burgués Kuomintang, una política que había llevado a derrotas aplastantes el año anterior.

Sin embargo, como hemos visto, el documento contenía también errores izquierdistas. Y nuestro movimiento ha sido educado también en base a esos aspectos del documento. La mayoría de estas debilidades fueron corregidas posteriormente en la práctica por Trotsky. Pero ni Trotsky en vida ni —que yo sepa— nadie en la dirección de nuestro movimiento, ha cuestionado antes esas secciones. Nunca los hemos señalado como contrarios a nuestro curso general, y lo son. Son contrarios a nuestra continuidad programática con Lenin, y contrarios a las lecciones de verdaderas revoluciones, surgidas a partir de la Segunda Guerra Mundial, dirigidas por revolucionarios proletarios.

El problema que esto nos plantea a los comunistas en la década de 1980 no es que simplemente hayamos tropezado con una inconsecuencia histórica o teórica. El problema es que el curso real de la lucha de clases revolucionaria nos ha convencido de que debemos reconquistar plenamente el programa y la estrategia de los primeros años de la Comintern, que estaban basados en, e incorporaban, el curso de Lenin seguido por los bolcheviques que culminó en la victoria de octubre de 1917.

Sin embargo, eso no lo podremos hacer a menos que esta médula de nuestra continuidad política la desenredemos del prejuicio izquierdista acarreado por lo erróneo de las posiciones de Trotsky previas a 1917, incluso en las que el propio Trotsky revivió en el documento de 1928. Debemos explicar de forma sincera y franca, sin apologías interesadas, y hasta sus últimas consecuencias, el lugar que ocupa Trotsky en la continuidad revolucionaria que pasa por Marx, Engels, Lenin, el Partido Bolchevique y los primeros cuatro congresos de la Internacional Comunista.

Nuestra respuesta, en mi opinión, tiene que ser que el lugar que ocupa Trotsky en nuestra continuidad programática revolucionaria comienza a mediados de 1917, cuando pasó a ser parte de la dirección bolchevique que organizó la Revolución de Octubre de 1917. Antes de esa fecha, claro está, Trotsky ya era un revolucionario que había desempeñado un importante y valiente papel en la revolución de 1905 y en otras batallas del movimiento obrero ruso. En ese sentido más amplio, forma parte de nuestra continuidad revolucionaria, al igual que Rosa Luxemburgo y muchos otros combatientes y dirigentes revolucionarios.

Pero aquí estamos hablando de algo más específico: nuestra continuidad programática. Desde esa perspectiva, el lugar de Trotsky comienza cuando pasa a ser un bolchevique. Es ahí que comienza nuestro Trotsky.

Una herencia programática irremplazable

EL COMITÉ CENTRAL del Partido Bolchevique resultó de una exitosa fusión de fuerzas en ese partido durante los meses previos a octubre. Al trabajar junto a Lenin y bajo su dirección, Trotsky ayudó a desarrollar muchos de los lineamientos estratégicos y programáticos de la Comintern, del Partido Comunista soviético y del estado soviético. El éxito de Lenin en atraer a Trotsky a la dirección del Partido Bolchevique fue un logro importante. No solo benefició a la revolución, sino que además —como terminó sucediendo— trajo a la dirección central soviética al único miembro que después de 1928 logró continuar la batalla por mantener el curso bolchevique.

En 1933, en Alemania, tras la devastadora toma del poder por Hitler, y la falta de respuesta por parte de la Comintern ante este desastre, quedó evidente que ya no era posible reformar a la Internacional Comunista dirigida por los estalinistas. Era necesaria una nueva Internacional. Trotsky insistió, no obstante, que no había una necesidad concurrente de sentar una nueva base teórica ni de desarrollar una nueva estrategia y un nuevo programa.

Los escritos de Trotsky a través de la década de 1930 —sobre la revolución colonial, la lucha del pueblo negro, la batalla contra el fascismo en Alemania y España, de cómo el movimiento obrero puede desarrollar un programa y una estrategia transicionales, la proletarización del movimiento comunista—, formaban todos parte de su lucha por defender y mantener el terreno político conquistado por la Comintern durante sus primeros cinco años. Naturalmente, mantener esas conquistas significaba intentar llevarlas a la práctica y enriquecerlas a la luz de nuevas experiencias en la lucha de clases.

Un incidente descrito en un libro escrito hace varios años por Jean Van Heijenoort, uno de los secretarios de Trotsky entre 1932 y 1939, deja entrever el enfoque de Trotsky hacia el legado de la Comintern durante este período.[49] Van Heijenoort relata que cuando Trotsky llegó a la conclusión en su propia mente de que era necesaria una nueva Internacional, una de las primeras cosas que hizo fue pedir a Van Heijenoort y a otro secretario —Pierre Frank, quien a diferencia de Van Heijenoort sigue siendo un revolucionario en la Cuarta Internacional hoy día— que juntaran todas las tesis y resoluciones aprobadas por los cuatro primeros congresos de la Comintern. Estaba resuelto a presentar estos documentos como la base del programa de la nueva Internacional.

He aquí lo que el propio Trotsky dijo sobre esta cuestión en agosto de 1933, el mes en que formalmente se aprobó trazar un rumbo hacia una nueva Internacional:

> Los primeros congresos de la Internacional Comunista nos dejaron una herencia programática inapreciable: el carácter de la época moderna como

época del imperialismo, es decir, de declinación capitalista; la naturaleza del reformismo moderno y los métodos para combatirlo; la relación entre democracia y dictadura proletaria; el rol del partido en la revolución proletaria; la relación entre el proletariado y la pequeña burguesía, especialmente el campesinado (cuestión agraria); el problema de las nacionalidades y la lucha de liberación de los pueblos coloniales; el trabajo en los sindicatos; la política del frente único; la relación con el parlamentarismo, etcétera. Los cuatro primeros congresos sometieron todas estas cuestiones a un análisis principista que todavía no fue superado.

Trotsky continuó:

Una de las primeras y más urgentes tareas de las organizaciones que llevan inscrita en sus banderas la necesidad de regenerar el movimiento revolucionario, consiste en extraer las decisiones de principio de los cuatro primeros congresos, ponerlas en orden y someterlas a una seria discusión a la luz de las futuras tareas del proletariado.[50]

Alrededor de esta época, en diciembre de 1933, la dirección de la Oposición de Izquierda Internacional en Europa, donde Trotsky vivía en el exilio, envió una carta a la Liga Comunista de América [Communist League of America—CLA], una de las antecesoras del PST, solicitando que consideráramos la posibilidad de publicar el material de los primeros cuatro congresos de la Comintern. El Comité Nacional de la CLA aprobó emprender este proyecto y pedirle a Trotsky que escribiera una introducción al mismo. Sin embargo, el proyecto nunca se llevó a cabo. La nueva Internacional no tenía un nuevo nombre. Simplemente se llamaba la Cuarta Internacional, el partido mundial de la revolución socialista. Su meta era la de contribuir al proceso de forjar un partido mundial de masas, una Internacional proletaria revolucionaria como la que la Comintern se había dispuesto a construir.

Su documento de fundación, el cual se ha pasado a conocer como el Programa de Transición, fue elaborado por Trotsky. En él se explicaba que desde 1917 han existido tres sectores de la revolución mundial. Además de los países imperialistas y el mundo de los países oprimidos coloniales y semicoloniales, existía también un estado obrero.

En 1938 había solo un estado obrero, la Unión Soviética. La revolución que había dado origen a ese estado se degeneró. Una casta burocrática había usurpado el poder político de manos de la clase obrera; y esta capa privilegiada debía ser remplazada por los trabajadores mediante una revolución política. Pero la Cuarta Internacional defendía de forma incondicional ese estado obrero —aquella enorme conquista del proletariado mundial— contra el imperialismo y contra la restauración del capitalismo. Una resolución de su Conferencia de Emergencia de mayo de 1940 declaraba:

> El trabajador con conciencia de clase sabe que una lucha exitosa por la emancipación plena es inconcebible sin la defensa de las conquistas ya obtenidas, por modestas que éstas sean. Tanto más obligatoria, por tanto, es la defensa de una conquista tan colosal como la economía planificada

contra la restauración de las relaciones capitalistas. Quienes no sean capaces de defender las viejas posiciones no podrán conquistar otras nuevas.[51]

Trotsky consideraba que los tres sectores de la revolución mundial, si bien con sendos problemas estratégicos de importancia, son partes de un proceso único, complejo y contradictorio de lucha de clases contra las clases dominantes imperialistas y su sistema internacional de explotación y opresión. Mientras que para cada sector el programa y la estrategia difieren según las relaciones de propiedad y de clases que en él predominan, el proletariado revolucionario de todos estos tres sectores está unido en torno a la meta primordial de derrocar al imperialismo mundial.

La última batalla política de Trotsky, antes de su muerte en 1940 a manos de los asesinos enviados por Stalin, fue contra aquellos en la Cuarta Internacional quienes —desmoralizados por la guerra mundial que se avecinaba, desorientados por los crímenes de Stalin y opuestos a realizar un viraje hacia la clase obrera industrial— sucumbían ante la presión imperialista y la opinión de la clase media izquierdista abandonando la defensa del estado obrero soviético. Trotsky insistía en que estas personas, a quienes describía correctamente como "la oposición pequeñoburguesa", habían renunciado a la perspectiva de librar una lucha integrada a escala mundial contra el imperialismo. Habían perdido de vista el hecho de que la lucha contra la burocracia estalinista en la URSS, si bien es un componente de la lucha anticapitalista mundial, al mismo tiempo estaba subordinada a la defensa de las conquistas obreras contra el imperialismo. Como escribiera Trotsky a finales de 1939:

Debemos formular nuestras consignas de tal forma que los trabajadores vean claramente qué es exactamente lo que estamos defendiendo en la URSS (propiedad estatal y economía planificada), y contra quiénes estamos librando una lucha implacable (la burocracia parásita y su Comintern). No debemos perder de vista ni un solo instante el hecho de que para nosotros la cuestión de derrocar a la burocracia soviética está subordinada a la cuestión de preservar la propiedad estatal de los medios de producción en la URSS; que la cuestión de preservar la propiedad estatal de los medios de producción en la URSS está subordinada para nosotros a la cuestión de la revolución proletaria mundial.[52]

Al seguir el camino abierto por la Internacional Comunista, Trotsky también estaba firmemente comprometido con la construcción de un movimiento revolucionario verdaderamente *mundial*. Una resolución aprobada en 1940 por la Cuarta Internacional explicaba que, junto a la lucha de la clase trabajadora en los países imperialistas, la lucha por la liberación nacional "representa una de las dos grandes fuerzas progresistas en la sociedad moderna".[53]

"Podemos y debemos encontrar el camino hacia la conciencia de los trabajadores negros, chinos, indios, todos los oprimidos en ese océano humano que constituyen las razas de color", escribió Trotsky, "que son las que tendrán la última palabra en el desarrollo de la humanidad".[54]

"El movimiento de las razas de color contra sus opresores imperialistas es uno de los más poderosos e importantes movimientos contra el régimen existente", enfatizó Trotsky en el 90 aniversario del Manifiesto Comunista, "y por lo tanto exige un apoyo completo, incondicional e ilimitado por parte del proletariado de raza blanca. El mérito de desarrollar una estrategia revolucionaria para nacionalidades oprimidas pertenece primordialmente a Lenin".[55]

Trotsky también continuó la labor de la Comintern de educar a los revolucionarios en Estados Unidos sobre la importancia central que tiene la lucha por la autodeterminación del pueblo negro y el papel de vanguardia de los trabajadores negros en la lucha de clases. En el libro *Leon Trotsky on Black Nationalism and Self-Determination* [Leon Trotsky sobre el nacionalismo negro y la autodeterminación] se recogen transcripciones de sus discusiones sobre este punto con dirigentes de nuestro movimiento en la década de 1930.[56]

Fue durante una de estas discusiones que Trotsky dejó claro, en un lenguaje vivaz, el espíritu intransigente con que un movimiento sindical revolucionario de masas encararía el racismo y la violencia racista en este país. Por cada linchamiento, decía Trotsky, se debía linchar a 10 ó 20 de los linchadores.

Trotsky también libró una batalla política en el seno de la Cuarta Internacional durante los últimos años de su vida para proletarizar a sus diversos partidos nacionales, para convencerlos de que orientaran a toda su dirección y militancia hacia la clase obrera industrial. "La queja perpetua de Trotsky contra los grupos trotskistas era la pobre composición social de éstos", recuerda su ex secretario Van Heijenoort, "demasiados intelectuales, muy pocos trabajadores".[57]

Era absolutamente esencial alterar esta composición social, insistía Trotsky, tanto para aprovechar las oportunidades creadas por la radicalización de los trabajadores bajo los contundentes golpes que asestaba la crisis capitalista internacional de la década de 1930, como para resistir las intensas presiones que se ejercían sobre los trabajadores y sus aliados como resultado de la guerra mundial imperialista que se avecinaba.

Trotsky creía que el desarrollo de una corriente que rechazaba la defensa de la Unión Soviética se debía al peso de los elementos pequeñoburgueses en la Cuarta Internacional.

En la construcción del partido, como en otras actividades, Trotsky se basó en las lecciones que aprendió de Lenin, al luchar por partidos de composición y dirección proletarias que formen parte de una Internacional comunista de masas. Esa era la meta de Trotsky.

Las condiciones bajo las cuales nuestro movimiento luchó por esta meta se fueron tornando cada vez más difíciles, a medida que nuestra clase sufrió contundentes golpes en la década de 1930: victorias fascistas en Alemania y España, y el dominio cada vez más fuerte que los estalinistas y socialdemócratas ejercían sobre las organizaciones obreras de masas. Estas derrotas, que culminaron en la Segunda Guerra Mundial, cobraron un altísimo precio al movimiento obrero internacional.

Durante la década de 1930 nuestro movimiento había respondido a cualquier señal de resistencia proletaria en las organizaciones obreras tradicionales con miras a establecer contacto con fuerzas que avanzaran hacia el comunismo. Para el final de la década se habían logrado algunos avances importantes y se habían apartado algunos obstáculos centristas. Sin embargo, ninguna corriente que tuviera influencia a nivel de masas evolucionó en una dirección revolucionaria. Condenado a muerte por Stalin en los últimos años de su vida, Trotsky escribió en el programa de fundación de la nueva Internacional que aparte de nuestro pequeño grupo de cuadros, "no hay en el planeta una sola corriente revolucionaria digna de este nombre".[58] Esa era la realidad en 1938.

Pero Trotsky jamás perdió su confianza en la clase trabajadora. Su confianza se arraigaba en su perspectiva materialista, su comprensión marxista del mundo, confirmada por su propia experiencia en la Revolución de Octubre en Rusia. De igual forma, la gran mayoría de los cuadros proletarios de la Oposición de Izquierda Internacional se mantuvieron firmes en esta perspectiva revolucionaria. Sin embargo, no se puede decir lo mismo de todos los que estaban en el movimiento trotskista y en su periferia en aquellos años.

Tomemos el caso de Jean Van Heijenoort, por ejemplo, cuyo libro *With Trotsky in Exile* (Con Trotsky en el exilio) cité anteriormente. En 1948 él volvió su espalda al marxismo y al movimiento comunista. Al final de su libro, Van Heijenoort explica su evolución política después de que dejara el equipo de Trotsky en 1939:

> Durante siete años tras la muerte de Trotsky, permanecí activo en el movimiento trotskista. Para 1948, me parecía cada vez más que las ideas marxista-leninistas sobre el papel del proletariado y su capacidad política no correspondían con la realidad. Fue ésta también la época en que llegó a conocerse a plenitud el universo de campos de concentración de Stalin, al menos para aquellos que no deseaban cerrar sus ojos o tapar sus oídos. Bajo el impacto de esta revelación comencé a

reexaminar el pasado, y llegué a preguntarme si los bolcheviques, al establecer un régimen policiaco irreversible y eliminar por completo toda opinión pública, no habrían preparado el terreno sobre el cual creció el enorme y venenoso hongo del estalinismo... Para mí, la ideología bolchevique estaba en ruinas.[59]

Van Heijenoort estaba ciertamente en ruinas, políticamente. Mas la ideología bolchevique, eso ya es otra cuestión.

Lo que resulta tan revelador de esta cita son las dos cosas que Van Heijenoort recuerda como la causa de su rompimiento con el marxismo.

En primer lugar, no pudo mantener su compromiso con la defensa de la Unión Soviética como una conquista de los trabajadores del mundo, independientemente de la gravedad de los problemas causados por el malgobierno burocrático. En cambio, se convenció de que la Revolución de Octubre, el bolchevismo y Lenin eran de por sí la fuente del problema.

En segundo lugar, Van Heijenoort dijo que le había dado a la clase trabajadora exactamente 100 años para que produjera el socialismo. Eso era suficiente. Al llegar 1948, ya estaba convencido de que los trabajadores no podían lograr —ni lograrían— nada en la historia.

Van Heijenoort, y otros como él, volvieron sus espaldas a las dos conquistas más importantes de la experiencia de la Comintern, del Partido Bolchevique y de Lenin —si hemos de enumerar solo dos— que Trotsky luchó por desarrollar e inculcar en los jóvenes trabajadores que estaban siendo captados a la Cuarta Internacional.

Este, entonces, es *nuestro* Trotsky, el continuador y enriquecedor de la continuidad revolucionaria del comunismo. Trotsky, desde mediados de 1917 un dirigente del Partido Comunista de la Unión Soviética, parte de la dirección rusa de la Internacional Comunista, uno de los dirigentes centrales del estado soviético, comandante del Ejército Rojo. Y Trotsky, junto a otros dirigentes comunistas rusos en la década de 1920, parte de la lucha por echar atrás el repliegue del curso revolucionario trazado mientras Lenin estaba vivo. Trotsky, quien en la década de 1930 fue el único, entre los bolcheviques que habían dirigido la Internacional Comunista durante sus primeros cinco años, que continuó la lucha por defender y extender la revolución socialista mundial y construir partidos comunistas proletarios como parte de un movimiento mundial.

Aunque Trotsky luchó por la continuidad del programa y estrategia de Lenin y la Comintern durante su exilio final en los últimos 12 años de su vida, al mismo tiempo llegó a insistir que era errado el carácter de la fórmula de Lenin sobre la dictadura democrática revolucionaria del proletariado y el campesinado en el período previo a 1917 en Rusia, y que su propia posición alternativa durante esos años era correcta.

En artículos importantes, tales como "Tres concepciones de la revolución",[60] escritos durante el último año de su vida, así como en muchos otros escritos de la década de 1930, Trotsky arguyó que los sucesos de 1917 habían demostrado en la práctica que la verdadera continuidad del programa y la estrategia del Partido Comunista Ruso y de la Comintern se remontaba a la teoría de la revolución permanente que él había defendido en los años anteriores a la revolución. En el contexto de los acontecimientos mundiales de los años treinta, creía Trotsky, la fórmula de Lenin se prestaba tanto a ser malinterpretada que facilitaba la influencia del colaboracionismo de clases estalinista en las filas del movimiento comunista mundial.

Trotsky sí reconoció durante su exilio final que algunos de sus escritos del período previo a 1917 contenían caracterizaciones de la dinámica de clases de la Revolución Rusa que los verdaderos sucesos de 1917-18 demostraron que estaban erradas. Sin embargo, enfatizó que estas caracterizaciones erradas resultaban de los excesos polémicos inevitables en cualquier debate político, y no de debilidades fundamentales en su teoría de la revolución permanente.

Por ejemplo, en el trabajo de Trotsky escrito en 1929 titulado "La revolución permanente", escribió que "Se pueden encontrar... artículos en los cuales expresaba dudas con respecto al futuro papel revolucionario del campesinado *en su conjunto, como clase,* y con respecto a ello, me negaba, sobre todo durante la guerra imperialista, a aplicar a la futura Revolución Rusa el calificativo de 'nacional', por considerarlo ambiguo". Dos de estos artículos de Trotsky, de 1915 y enero de 1917, fueron citados anteriormente.

Al reconocer el error de estas declaraciones, Trotsky prosiguió, "es preciso no olvidar que los procesos históricos que nos interesan, y entre ellos los procesos en el campesinado, resultan mucho más obvios ahora que se han realizado, que en aquella época durante la que apenas se desarrollaban".[61]

Sin embargo, esa comprensión del peso y el papel del campesinado en la Revolución Rusa había sido un aspecto central de la estrategia bolchevique. Y fue la cuestión decisiva respecto a la cual los puntos de vista de Lenin eran correctos en contraposición a la teoría de la revolución permanente de Trotsky, lo que sentó las bases para el curso político sobre el cual se forjó el Partido Bolchevique.

El que Trotsky haya reconocido su error sobre esta cuestión es importante. Demuestra el impacto duradero de las lecciones que había aprendido sobre la alianza obrero-campesina de sus experiencias desde 1917, bajo el liderazgo de Lenin, como dirigente de la Revolución Rusa, del estado soviético y de la Internacional Comunista.

No obstante el que Trotsky regresara, después de 1927, a la opinión de que tuvo razón frente a los bolcheviques en algunas cuestiones estratégicas importantes durante el período previo a 1917 no es solo una cuestión de historia. Ha tenido efectos políticos negativos en la Cuarta Internacional y por ello, especialmente, amerita que la discutamos con seriedad hoy en día. ¿Cómo explicó Trotsky estas diferencias tempranas con Lenin?

En su artículo de 1938, "Revolución y guerra en China",[62] Trotsky lo plantea de esta manera: "El punto débil de la concepción de Lenin era la idea, contradictoria en sí, de la 'dictadura democrático-burguesa del proletariado y el campesinado'. Un bloque político de dos clases cuyos intereses no coinciden sino parcialmente, excluye una dictadura".

Trotsky veía en el carácter algebraico de la fórmula de Lenin su punto débil. Sin embargo, es ahí que radicaba su fuerza. Lenin estaba plenamente consciente de las contradicciones sociales liadas en el proceso revolucionario que él buscaba expresar por medio de su fórmula. Estaba plenamente consciente de que el proletariado y el campesinado eran clases "cuyos intereses no coinciden sino parcialmente". La clave de la estrategia proletaria en Rusia era forjar una alianza obrero-campesina en torno a los intereses que sí coincidían —es decir, en torno a la lucha por derrocar el absolutismo y el latifundismo— y establecer una dictadura basada en esa alianza para llevar a cabo aquellas tareas democráticas al tiempo que se abría la puerta a la revolución socialista. La fórmula bolchevique era precisamente el tipo de enfoque algebraico necesario para orientar al proletariado en la práctica, en la acción, a dirigir una alianza de las clases explotadas a través de la transición que va desde la victoriosa revolución democrática hasta el establecimiento y consolidación de un estado obrero.

Trotsky prosiguió: "El propio Lenin subrayó la limitación fundamental de la 'dictadura del proletariado y el campesinado' al calificarla abiertamente de *burguesa*". (Aquí debo señalar que si bien Trotsky se refiere varias veces en este artículo a la "dictadura democrático-burguesa", Lenin se refería a la "dictadura democrática revolucionaria", o en ocasiones simplemente a la "dictadura democrática". La diferencia no carece de importancia.)

Prosigamos con el argumento de Trotsky: "Con ello [Lenin] quería decir que, en aras de la alianza con el campesinado, en la revolución venidera, el proletariado tendría que renunciar al planteo directo de las tareas socialistas".

Sin embargo, no era esa la posición de Lenin. El problema no consistía en que el proletariado abandonara las tareas socialistas a fin de mantener una alianza con el campesinado, sino que consistía en cómo llevar a cabo dichas tareas de forma exitosa. El problema era cómo el proletariado podría forjar una alianza combativa con el campesinado *a fin* de derrocar el zarismo y el latifundismo y aprovechar el poder gubernamental conquistado para llevar a cabo la revolución democrática, al mismo tiempo que se comenzaba a bregar con las tareas socialistas, elementos importantes de las cuales se plantearían desde un principio. El ritmo de la transición en su conjunto lo determinaría en la práctica la correlación de fuerzas entre las clases dentro y fuera del país, el nivel de organización y conciencia de los trabajadores y campesinos pobres, y las condiciones materiales existentes en el país.

Continúa Trotsky en su artículo: "Lenin, influido por la experiencia histórica, había reconocido [esta fórmula como] carente de valor".

"En otras palabras", añade Trotsky, "la Comintern tomó una fórmula desechada por Lenin para abrir el camino a la política" del menchevismo.

En mi opinión, estas declaraciones de Trotsky sobre los puntos de vista de Lenin posteriores a 1917 son a nivel factual incorrectas. No dudo que Trotsky haya llegado a creer en su veracidad. Gran parte de la biblioteca y de los archivos de Trotsky, que él utilizaba para verificar datos, fue víctima de los robos estalinistas, así como de otras pérdidas, al ser acosado de país en país por los gobiernos burgueses y la burocracia moscovita durante su último exilio. A menudo debía depender de materiales archivados y traducciones hechas por John G. Wright, un dirigente de nuestro movimiento aquí en Estados Unidos.

Cualquiera que haya sido la fuente de su error, Trotsky se equivocó al aseverar que Lenin "desechó" la fórmula de la dictadura democrática revolucionaria del proletariado y el campesinado o que la "había reconocido como carente de valor". No sé de nadie que haya podido señalar una declaración por el estilo en cualquier parte de los escritos publicados de Lenin.

Lenin sí dijo en abril de 1917 que abogar por la dictadura democrática revolucionaria ya no correspondía a las tareas del día en Rusia. Ya se había realizado de forma parcial en la formación de los soviets, dijo Lenin, y la tarea ahora era concentrarse en la lucha para que los soviets tomaran el poder, en lugar de cedérselo a la burguesía, como estaban haciendo los maldirigentes colaboracionistas de clase. Al tomar el poder, las masas trabajadoras contarían con el instrumento necesario que precisaban para acelerar la realización de las tareas de la dictadura democrática revolucionaria.

Pero Lenin nunca desechó ni repudió el enfoque básico hacia la alianza de clases que *podía* establecer un gobierno revolucionario. Al contrario, a partir de 1917 subrayó una y otra vez que fue esta estrategia y el curso político que derivaba de ella lo que hizo posible la victoria de la Revolución de Octubre.

En realidad, durante la mayor parte de 1927, el propio Trotsky utilizó la fórmula de Lenin en sus escritos sobre la revolución china. Correctamente señaló que ésta era la opción marxista a la línea que entonces perseguían Stalin y Bujarin como el curso que correspondía a las necesidades de los trabajadores y campesinos chinos. La fórmula de Lenin también fue utilizada en la plataforma de la Oposición Unida. Este no habría sido el caso si Trotsky u otros en la dirección del Partido Comunista soviético creyeran en aquel entonces que Lenin había llegado una década antes a la conclusión de que la fórmula carecía de valor y se había desechado, inclusive con respecto a Rusia.

Lejos de haber abandonado la estrategia previa a 1917 de los bolcheviques, la continuidad de esta concepción fue incorporada en el programa del Partido Comunista Ruso de 1919 y en el programa de la Comintern. Como señalé antes, Lenin se había referido a la dictadura democrática revolucionaria como "una definición marxista del contenido de clase de la revolución victoriosa". Dado que la Revolución Rusa le había dado una forma organizativa específica a esa alianza de clases —los soviets de diputados obreros, campesinos y soldados— él incorporó *esta* perspectiva en sus discursos y en las resoluciones que elaboró para la Comintern sobre la revolución en el mundo colonial, y no su fórmula de antes de 1917. No porque había comprobado que su fórmula era errónea o "demasiado algebraica", sino porque se había realizado en el curso de la revolución y el "álgebra" podía ser mucho más concreta. El concepto de los soviets —organismos de masas de diputados de trabajadores y agricultores— había establecido un ejemplo para los trabajadores y campesinos de disposición revolucionaria alrededor del mundo.

El gobierno de trabajadores y agricultores

LA COMINTERN en su cuarto congreso en 1922 aprobó la consigna transicional del gobierno de trabajadores, o de trabajadores y campesinos, para el uso de los comunistas en todos los países a fin de ayudarnos a emular lo que las masas trabajadoras revolucionarias de Rusia habían realizado al establecer el poder soviético. Esta perspectiva nos ha resultado muy útil para ayudarnos a entender las revoluciones socialistas ocurridas desde la Segunda Guerra Mundial. En base a estas experiencias, esta consigna la hemos podido volver mucho más concreta y colocarla al centro de nuestro programa y nuestra estrategia hoy en día tanto para los países imperialistas como para los oprimidos.[63]

Esta consigna es más útil hoy para nosotros que la fórmula bolchevique de antes de 1917, ya que está basada en decenios de experiencia histórica y lecciones a partir de la época de Lenin con revoluciones tanto victoriosas como vencidas. Al mismo tiempo, nos hemos dado cuenta que nuestro entendimiento de la consigna del gobierno de trabajadores y campesinos, junto a nuestra capacidad de aplicarla a la lucha de clases, se han enriquecido enormemente por el intenso estudio que en los últimos dos años hemos realizado de los escritos de Lenin del período anterior a 1917. Nuestro uso actual de la consigna del gobierno de trabajadores y campesinos tiene sus raíces tanto en las lecciones sacadas del programa y la estrategia bolcheviques explicados por Lenin, como en las posteriores discusiones de la Comintern, que a su vez se basaban en la misma continuidad programática.

Desde finales de la década de 1920 hasta comienzos de la de 1930, Trotsky había rechazado que los comunistas usaran la consigna del gobierno de trabajadores y agricultores. Esto fue durante un período en el que Stalin estaba tergiversando el contenido de esta consigna siguiendo la misma línea colaboracionista de clases que estaba utilizando para introducir un contenido oportunista en la fórmula de Lenin de la dictadura democrática revolucionaria del proletariado y el campesinado. El contenido que Stalin procuró darle a ambas consignas fue el de la subordinación ante los partidos y gobiernos burgueses, en lugar de organizar a los obreros para dirigir al pueblo trabajador en la lucha revolucionaria por la toma del poder gubernamental de manos de los explotadores.

Trotsky cambió su posición sobre la consigna del gobierno de trabajadores y agricultores a mediados de la década de 1930. En el programa de transición que elaboró para la conferencia de fundación de la Cuarta Internacional, Trotsky defendió su uso.[64] En ese documento de 1938, Trotsky en realidad aclaró un poco la evolución de su posición respecto a esta consigna y su relación con la fórmula de la dictadura democrática revolucionaria del proletariado y el campesinado.

> Cuando la Comintern [bajo Stalin] trató de revivir la fórmula de la "dictadura democrática del proletariado y del campesinado", enterrada por la historia, dio a la fórmula del "gobierno de trabajadores y campesinos" un contenido completamente distinto, puramente "democrático", vale decir, burgués, *contraponiéndola* a la dictadura del proletariado.
>
> Los bolcheviques-leninistas rechazaron resueltamente la consigna del "gobierno de trabajadores y campesinos" en la versión democrático-burguesa. Afirmaban entonces y afirman ahora que cuando el partido del proletariado renuncia a rebasar los límites democrático-burgueses, su alianza con el campesinado pasa a ser sencillamente un apoyo al capital, como ocurrió con los mencheviques y los socialistas revolucionarios en 1917, con el Partido Comunista chino en 1925–27 y como sucede ahora con el "Frente Popular" en España, Francia y otros países.

Trotsky continuó:

> La consigna del "gobierno de trabajadores y campesinos" nos resulta aceptable, por tanto, únicamente en el sentido que tenía en 1917 con los bolcheviques, es decir, como una consigna antiburguesa y anticapitalista, pero en ningún caso en ese sentido "democrático" que posteriormente le dieron [los estalinistas], transformándola para que de un puente hacia la revolución socialista pasara a ser la principal barrera a su paso.

Habiendo delineado la manera en que los comunistas usan la consigna "por un gobierno de trabajadores y agricultores", Trotsky dirigió su atención hacia otra cuestión, una que había sido discutida en el cuarto congreso de la Comintern y que ha cobrado particular importancia a la luz de los acontecimientos posteriores a la Segunda Guerra Mundial.

"¿Es posible la creación de este gobierno por las organizaciones obreras tradicionales?", preguntó Trotsky.

La experiencia del pasado demuestra, como ya lo hemos dicho, que esto es, por lo menos, poco probable. No obstante, no se puede negar de forma categórica por adelantado la posibilidad teórica de que bajo la influencia de una combinación muy excepcional de circunstancias (guerra, derrota, crack financiero, presión revolucionaria de las masas, etcétera), los partidos pequeñoburgueses, incluidos los estalinistas, puedan llegar más allá de lo que ellos quisieran en el camino de una ruptura con la burguesía. En todo caso, una cosa está fuera de dudas: aun en el caso de que esa variante poco probable se hiciera realidad en alguna parte y de verdad se constituyera un "gobierno de trabajadores y campesinos" —en el sentido indicado arriba—, no representaría más que un corto episodio en el camino hacia la verdadera dictadura del proletariado.

Así, Trotsky no solo afirmó el valor de la consigna como parte importante del programa de transición de un partido proletario revolucionario, sino también reiteró la posibilidad de que dicho gobierno transicional pudiera llegar a darse. Llegó a esta conclusión a pesar del mal uso constante que hacían del término los estalinistas.

Sin embargo, Trotsky no vivió para ver las revoluciones que siguieron a la Segunda Guerra Mundial o la aparición de gobiernos de trabajadores y agricultores bajo cualquier tipo de dirección. No tuvo la oportunidad de incorporar estas experiencias de la lucha de clases a su comprensión de lo que son los gobiernos de trabajadores y campesinos, como la hemos tenido nosotros en el Partido Socialista de los Trabajadores.

En el Programa de Transición, Trotsky hizo hincapié en la poca probabilidad de que surja un gobierno de este tipo. Sin embargo, la historia nos ha enseñado a verlo, en cambio, como "la primera forma de gobierno que puede esperarse que surja como resultado de una victoriosa revolución anticapitalista".[65] Así lo expresó Joseph Hansen en 1977, al resumir las lecciones de las revoluciones de la posguerra en Cuba, Argelia, China y Yugoslavia. Y Joe no estaba restringiendo esta generalización a los países semicoloniales o económicamente atrasados.

La posición presentada por Trotsky en 1938 no es la que nosotros sostenemos hoy. La nuestra se vale de la perspicacia del Programa de Transición, pero va más allá de éste en base a las formas concretas en que se ha desenvuelto la revolución mundial en los últimos 45 años. Nosotros abogamos por gobiernos de trabajadores y agricultores. Hemos visto ejemplos de cómo tales gobiernos pueden dar impulso a la movilización y organización de los trabajadores y sus aliados para llevar a cabo la expropiación de los capitalistas y establecer nuevos estados obreros.

Trotsky incorporó sus puntos de vista sobre la fórmula

de la dictadura democrática revolucionaria del proletariado y el campesinado en la resolución que elaboró para la conferencia de 1933 de la Oposición de Izquierda Internacional, predecesora de la Cuarta Internacional. Ese documento enumera once principios de una internacional revolucionaria; en el sexto de ellos se leía:

> Repudio a la fórmula *"dictadura democrática del proletariado y el campesinado"* como un régimen aparte y distinto de la *dictadura del proletariado,* que capta el apoyo de las masas campesinas y oprimidas en general; repudio a la teoría antimarxista del "transcrecimiento" pacífico de la dictadura democrática en socialista.⁶⁶

Los dos lados de este breve párrafo merecen ser examinados más de cerca.

Por un lado está la defensa por Trotsky de la posición —situada al centro de nuestra continuidad comunista desde Marx, Engels y Lenin— de que los trabajadores deben dirigir a sus aliados en una *revolución* para tomar el poder de manos de las viejas clases dominantes y para establecer un nuevo poder estatal, una dictadura revolucionaria.

Es importante señalar el uso que da Trotsky a la frase "como un régimen aparte y distinto de" para describir lo que se debe rechazar en el uso de los estalinistas de la consigna de la dictadura democrática revolucionaria con relación a la dictadura del proletariado. Fue así como usaron Stalin y sus partidarios esta fórmula, y *no* para describir una transición revolucionaria, como Lenin la había empleado. *No* como un *puente* hacia la dictadura del proletariado, sino como "régimen aparte y distinto de" este y por tanto un obstáculo a su realización. La concepción —y la línea de acción— impuesta al movimiento comunista en la época de Stalin fue, en realidad, la misma que el dirigente salvadoreño Schafik Jorge Handal explicó y rechazó en su artículo, una que impide que los trabajadores les arrebaten el poder a los capitalistas. Es una línea que, como explica Handal, pretende romper el "nexo esencial indisoluble" que existe entre la lucha por las tareas democráticas y la lucha por las tareas socialistas, y que niega que sean "facetas de una sola revolución y no dos revoluciones". Es una línea que le dice al proletariado que "la revolución democrática no es necesariamente una tarea a organizar y promover principalmente por nosotros, sino que en ella podríamos limitarnos a ser fuerza de apoyo" a las fuerzas burguesas y pequeñoburguesas que desempeñarán el papel dirigente.

Estas eran precisamente las negaciones estalinistas del marxismo que Trotsky intentó combatir en el documento de 1933. Trotsky también estaba arguyendo contra lo que Handal describe como "la idea de la vía pacífica para la revolución", una vía que no implica una lucha revolucionaria por el poder de la clase obrera a la cabeza de sus aliados, las masas explotadas.

Este es el punto fundamental de Trotsky, como lo explicó en otros artículos escritos por aquella misma época. Su inquietud primordial era con la conquista del poder, con la necesidad de una dictadura revolucionaria de la clase, cosa que Stalin había desechado.

Uno de estos artículos, escrito en 1931, también deja ver claramente que para entonces Trotsky ya no sostenía el punto de vista ultraizquierdista que había incorporado en su crítica del proyecto de programa de la Comintern en

1928 según el cual un gobierno revolucionario victorioso en China o en otros países coloniales "desde el principio se verá obligado a efectuar la sacudida y abolición más resueltas de la propiedad privada en la ciudad y en el campo", escribió en ese artículo de 1931.[67]

> El hecho es que la dictadura del proletariado no coincide para nada de una manera mecánica con el inicio de la revolución socialista.
> La toma del poder por la clase trabajadora se produce en un medio nacional determinado, en un período determinado y para la solución de cuestiones determinadas.
> En las naciones atrasadas, tales tareas *inmediatas* tienen un carácter democrático: liberación nacional del sometimiento imperialista y revolución agraria, como en China; revolución agraria y liberación de los pueblos oprimidos, como en Rusia...
> Lenin decía incluso que el proletariado ruso había llegado al poder en octubre de 1917, ante todo, como un *agente de la revolución democrático-burguesa*. El proletariado victorioso empezó por la resolución de las tareas democráticas, y, solo gradualmente, mediante la lógica de su régimen, emprendió las tareas socialistas. Solo en el duodécimo año de su poder encaró seriamente la colectivización de la agricultura. Es precisamente esto lo que Lenin calificó como el transcrecimiento de la revolución democrática en socialista.

"No es el poder burgués el que transcrece en obrero-campesino y luego, en proletario", escribió Trotsky.

No; el poder de una clase no "transcrece" a partir del poder de otra, sino que se arrebata con las armas en la mano.

Pero después que la clase trabajadora ha conquistado el poder, las tareas democráticas del régimen proletario inevitablemente transcrecen en socialistas. Una transición orgánica y evolucionaria al socialismo es concebible solo bajo la *dictadura del proletariado*. He aquí la idea central de Lenin.

La principal preocupación política de Trotsky como comunista era combatir la falsificación que hizo Stalin de la fórmula de Lenin para justificar el subordinar a la clase obrera a la maldirección burguesa y renunciar a la lucha por el poder estatal. Este había sido el curso político de Stalin en China con respecto al Kuomintang de Chang Kaishek; era lo opuesto a la concepción de Lenin de la república de trabajadores y campesinos que surge de una revolución popular.

Trotsky estaba evidentemente convencido, sin embargo, de que el carácter algebraico de la fórmula de Lenin la hacía vulnerable al abuso, y que dicha fórmula debía ser por lo tanto condenada explícitamente en el programa de fundación de la Oposición de Izquierda Internacional elaborado en 1933.

Esto nos trae al segundo aspecto importante del citado párrafo del documento de 1933.

Al rechazar la fórmula de Lenin, el párrafo no menciona concepto alguno de un régimen transicional, una dictadura, basada en una alianza de los trabajadores con los campesinos, que surgiría de una revolución social victoriosa contra las clases propietarias, y que permitiría a los trabajadores dirigir a sus aliados en la transición de la revolución democrática a la socialista.

Si solo fuera cuestión de diferentes evaluaciones históricas de la estrategia de Lenin previa a 1917, no habría que dedicarle tanta atención ni tanto tiempo. Sin embargo, es más lo que está en juego. Entre los que se reclaman trotskistas hoy día, la revolución permanente —algunos incluso la escriben con "R" y "P" mayúsculas— y la confusión sobre las raíces de nuestra continuidad revolucionaria *han* reforzado tendencias hacia posiciones sectarias ultraizquierdistas, especialmente con relación a la alianza obrero-campesina y a la cuestión nacional y colonial.

Eso llega a tal extremo que la mayoría de los que se reclaman trotskistas están convencidos de que ninguna corriente política es ni revolucionaria, ni proletaria, ni marxista, a menos que entienda y se adhiera a la teoría de Trotsky sobre la revolución permanente. En base a esa forma de pensar, las posiciones antes citadas de la plataforma del Partido Comunista de Cuba, de los dirigentes cubanos Jesús Montané y Manuel Piñeiro, y del dirigente salvadoreño Schafik Jorge Handal que citamos anteriormente, no son realmente marxistas, ya que ninguno de ellos menciona la revolución permanente.

Algunos que se reclaman trotskistas niegan la existencia de un estado obrero en Cuba, y muchos han rehusado reconocer la existencia de gobiernos de trabajadores y campesinos hoy día en Nicaragua y Granada. Algunas corrientes "tercer-campistas", que alegan hablar en nombre de la revolución permanente, rehusan reconocer que el derrocamiento del régimen capitalista, la abolición de la propiedad privada en los medios de producción, y el establecimiento de la propiedad estatal y la planificación en la Unión Soviética, China, Yugoslavia, Albania, Vietnam, Corea del Norte, Cuba y los demás estados obreros de Europa oriental, son *conquistas* del proletariado mundial.

Algunos sectarios han hecho de la revolución permanente una prueba para todo programa y una guía para todo tipo de acción. Son decisivas las palabras, no las acciones y los hechos.

De hecho, un número sustancial de organizaciones que se reclaman trotskistas son sectas irremediables y perdidas. A escala mundial, probablemente el 80 por ciento de los que se consideran trotskistas —tal vez sea el 70 por ciento, tal vez más del 90 por ciento— son sectarios irreformables. Lo que *menos* caracteriza su quehacer político es un intento de seguir el ejemplo de Trotsky de aplicar las conquistas de los bolcheviques y de la Comintern en vida de Lenin y avanzar sobre la línea de marcha trazada por los primeros comunistas revolucionarios en 1847–48.

Sin embargo, los sectarios perdidos no son importantes para nosotros. Estamos interesados en la Cuarta Internacional, el movimiento internacional del cual formamos parte. Estamos interesados en quienes son revolucionarios serios, quienes llevan a cabo un viraje hacia la clase obrera industrial, a quienes puede influenciar la prueba de los sucesos, quienes tienen disposición para la discusión política.

Ha sido el sectarismo y el ultraizquierdismo el principal sentido, aunque no el único, en el que han errado corrientes en la Cuarta Internacional. Esto ha sido en gran parte resultado del período histórico en el que hemos funcionado durante la mayor parte de nuestra existencia, lo cual nos dejó relativamente aislados de la clase trabajadora y sus organizaciones y determinó nuestra composición social. La campaña de difamación y calumnias contra nuestro movimiento por el poderoso aparato del estalinismo mundial reforzó estas presiones.

Sin embargo, estoy convencido de que la adhesión de nuestro movimiento desde 1928 a la teoría de la revolución permanente formulada por Trotsky también ha tenido que ver. Nos ha llevado a restarle importancia al estudio detallado y a la aplicación de las contribuciones estratégicas del bolchevismo tal como están desarrolladas en los escritos de Lenin previos a 1917. Y cuando leíamos estos materiales, lo hacíamos por lo general bajo el prejuicio de que aspectos importantes de éstos estaban equivocados o habían sido "enterrados por la historia", como dijo Trotsky en el Programa de Transición sobre la fórmula de Lenin de la dictadura democrática revolucionaria del proletariado y el campesinado. Esto ha obstaculizado la lectura objetiva de Lenin, es decir, no a través de la interpretación que le dieran otros, incluido Trotsky.

Inclusive creo que nuestro énfasis en que la teoría de la revolución permanente es única y correcta reforzó una tendencia a no estudiar los informes y las resoluciones de los primeros cuatro congresos de la Comintern con el vigor con que debíamos haberlo hecho.

Claro está que Trotsky se sentiría horrorizado ante las posiciones políticas de la gran mayoría de los que hoy día se llaman "trotskistas", término que él jamás usó para describir a nuestro movimiento. Sus pocos errores políticos, tras la muerte de Lenin, que eran de carácter izquierdista, los corregía él mismo frecuentemente al participar en el proceso viviente de construir partidos obreros revolucionarios como parte de un movimiento internacional, y a medida que generalizaba las lecciones de estas experiencias recurriendo a sus 10 años de experiencia como dirigente central del Partido Comunista soviético y de la Internacional Comunista.

Además, Trotsky dedicó gran parte de su tiempo desde el exilio, en la década de 1930, a ayudar a que sus partidarios corrigieran errores políticos izquierdistas serios sobre las cuestiones agraria, colonial y nacional. Veamos varios ejemplos.

Desde que comenzaron a surgir en China grupos que apoyaban a la Oposición de Izquierda en 1929, Trotsky tuvo que combatir la falta en que incurrían al no reconocer la importancia central de las luchas democráticas y antiimperialistas en ese país. Al mismo tiempo, Trotsky polemizó contra los errores izquierdistas de la dirección estalinista de la Comintern, que para entonces había respondido a sus fracasos en sus políticas tanto en el ámbito nacional como internacional sacudiendo a sus partidarios a nivel mundial para hacerlos que realizaran un agudo "viraje a la izquierda". Durante su llamado Tercer Período, la Comintern rehusó reconocer el evidente reflujo de la lucha revolucionaria en China tras la derrota de 1927, y en nombre de la batalla por la insurrección inmediata y el poder de los soviets le restó importancia a la lucha por reivindicaciones democráticas.

Así, durante varios años, Trotsky se encontró escribiendo sobre cuestiones similares en pacientes cartas a los compañeros chinos y en polémicas contra Stalin y los partidarios de Stalin.

"La lucha contra la dictadura militar se deberá expresar inevitablemente a través de *reivindicaciones transicionales democrático-revolucionarias*", escribió Trotsky en un proyecto de programa para los partidarios chinos de la Oposición de Izquierda en 1929.[68]

"Las consignas de la democracia revolucionaria son las más adecuadas a la situación política prerrevolucionaria en China hoy", les escribió con insistencia una vez más tres años después.[69] Continuó:

> Despertar a los trabajadores, organizarlos, darles la posibilidad de ligarse a los movimientos nacional y agrario para asumir la dirección de ambos: esa es la tarea que nos corresponde. Las consignas inmediatas propias del proletariado (jornada laboral, salarios, derecho a organizarse, etcétera) deben ser la base de nuestra agitación.
> Sin embargo, no basta con eso. Solo estas tres consignas pueden elevar al proletariado para que encabece la nación: la independencia de China, tierra a los campesinos pobres, asamblea constituyente.

De nuevo, en los últimos años de su vida, Trotsky libró una batalla política contra una numerosa facción en el movimiento trotskista chino que rehusaba apoyar a China, un país colonial oprimido, contra la invasión imperialista y ocupación japonesas, utilizando el argumento ultraizquierdista de que ambos bandos tenían gobiernos capitalistas. (En 1939-40, la oposición pequeñoburguesa dentro del PST norteamericano también sostenía esta posición, a la par que rechazaba la defensa del estado obrero soviético.)

Trotsky discutió similares errores izquierdistas sobre la importancia de las cuestiones democrática y nacional con los revolucionarios en Indochina. Cuando uno de los primeros grupos de partidarios vietnamitas de la Oposición de Izquierda Internacional envió a Trotsky una declaración política en 1930, él les respondió señalando las serias debilidades del documento.[70] Se debía "hablar con más claridad, más amplitud y más precisión de la *cuestión agraria*", escribió. "La declaración no menciona para nada la *cuestión campesina*". La declaración había denunciado al nacionalismo vietnamita como "una ideología reaccionaria" que "solo puede forjar nuevas cadenas para la clase trabajadora". Trotsky respondió,

> El nacionalismo de las masas populares es la forma elemental que asume su odio, justo y progresista, hacia sus opresores más hábiles, astutos e implacables, es decir, los imperialistas extranjeros. El proletariado no tiene derecho a volverle la espalda a *este tipo* de nacionalismo. Al contrario, debe demostrar en la práctica que es el luchador más consecuente y abnegado por la liberación nacional de Indochina.

Trotsky añadió,

> [E]s poco probable que los elementos nacional, democrático y socialista de la revolución conformen ya un todo único en la conciencia de los trabajadores indochinos...
> No podemos llegar a la dictadura del proletariado negando la democracia *a priori*. Solo luchando por la democracia es que la vanguardia comunista logrará que se le adhiera la mayoría de la nación oprimida y así avanzar hacia la dictadura, la que también creará las condiciones

para la transición hacia una revolución socialista en inseparable unión con el movimiento proletario mundial.

Trotsky también se manifestó fuertemente en desacuerdo con un documento elaborado en 1935 por el grupo sudafricano de la Oposición de Izquierda Internacional. Ellos habían escrito, "que la consigna de 'república negra' es *tan* perniciosa para la causa revolucionaria como la consigna 'Sudáfrica para los blancos'".

Debido a que la abrumadora mayoría de la población es negra y por su condición de oprimida, respondió Trotsky,

> la República Sudafricana surgirá antes que nada como una república "negra"; por supuesto, esto no excluye la igualdad plena para los blancos o las relaciones fraternales entre ambas razas, lo que dependerá fundamentalmente de la conducta de los blancos...
> En la medida en que una revolución victoriosa cambiará de forma radical no solo las relaciones entre las clases, sino también entre las razas, y le asegurará a los negros ese lugar en el estado que corresponda a sus números, en esa medida la revolución *social* en Sudáfrica tendrá un carácter *nacional*...
> Los revolucionarios proletarios no deben olvidar jamás el derecho de las nacionalidades oprimidas a la autodeterminación, incluso a la separación plena, ni la obligación del proletariado de la nación opresora de defender este derecho con las armas en la mano de ser necesario.[71]

Frente a este tipo de debilidades en cuanto a las cuestiones nacional y colonial, Trotsky buscó plantear, de la manera más clara posible, en el Programa de Transición de 1938 —aprobado por el Partido Socialista de los Trabajadores en abril de ese año—, el enfoque comunista que había aprendido de Lenin. En los países oprimidos por el imperialismo, escribió Trotsky,

> la lucha por las conquistas más elementales de la independencia nacional y la democracia burguesa se combina con la lucha socialista contra el imperialismo mundial. Las consignas democráticas, las reivindicaciones transicionales y los problemas de la revolución socialista, no están separadas en esta lucha por etapas históricas, sino que surgen directamente las unas de las otras...

"Las tareas centrales de los países coloniales y semicoloniales", prosigue el Programa de Transición, son:

> *la revolución agraria,* es decir, la liquidación de la herencia feudal, la *independencia nacional,* es decir, el derrocamiento del yugo imperialista. Estas dos tareas están estrechamente ligadas entre sí.

En los países coloniales, explica, los trabajadores deben asumir la dirección de la lucha por la liberación nacional.

> Se les debe armar con un programa democrático. Solo ellos pueden convocar y unir a los agricultores. Sobre la base del programa democrático

revolucionario es necesario oponer los trabajadores a la burguesía "nacional"...

El peso relativo de las reivindicaciones democráticas y transicionales particulares en la lucha del proletariado, sus vínculos recíprocos, su orden de sucesión, lo determinan las peculiaridades y las condiciones específicas de cada país atrasado y, en una parte considerable, su *grado* de atraso.

No obstante, la tendencia general del desarrollo revolucionario en todos los países atrasados se puede determinar por la fórmula de la *revolución permanente,* en el sentido que definitivamente le han dado a esta fórmula las tres revoluciones en Rusia (1905, febrero de 1917 y octubre de 1917).

Esta estrategia comunista era entonces el *contenido político* que Trotsky procuraba impartir a la consigna de la revolución permanente en el programa de fundación de la Cuarta Internacional. El enfoque de Trotsky hacia las cuestiones agraria y nacional se fundaba en lo que había aprendido de Lenin, y en las posiciones codificadas en los informes y resoluciones de los primeros cuatro congresos de la Comintern, entre los cuales una gran mayoría de los más importantes los habían redactado y presentado en informes Lenin y Trotsky mismos.

Al mismo tiempo, la insistencia de Trotsky de establecer que las raíces de la continuidad de la Cuarta Internacional se remontaban a su teoría de la revolución permanente de antes de 1917 y no a las posiciones de Lenin comprendidas en su fórmula de la dictadura democrática revolucionaria del proletariado y el campesinado sirvió, no para contrarrestar, sino para reforzar cualquier tendencia de sus partidarios —tanto en su época como en la nuestra—, a cometer errores de tipo sectario con relación a las cuestiones campesina y nacional.

Por eso decimos que desde la óptica de nuestra continuidad política, nuestro Trotsky comienza con su retorno a Rusia desde Estados Unidos en 1917, y no antes. Trotsky, como parte de la dirección bolchevique en el estado soviético, el Partido Comunista y la Internacional Comunista. Trotsky, junto a otros dirigentes bolcheviques que lucharon por continuar la aplicación de políticas comunistas genuinas en el estado soviético y en la Comintern tras la muerte de Lenin. Y Trotsky, después de 1928, quien siguió luchando, ahora solo entre los dirigentes bolcheviques originales, que en su mayoría —incluidos Bujarin, Kámenev, Rádek, Zinóviev y Trotsky mismo—, habían de ser asesinados por órdenes de Stalin para finales de la década siguiente.

A menos que enfoquemos la continuidad programática del comunismo desde 1847 hasta nuestros días de esta manera, no lograremos explicar qué lugar ocupa Trotsky en ella. Cualquier otro camino le hace el juego a los que se aferran a las posiciones asumidas por Trotsky antes de 1917 para negarle su puesto como el continuador del comunismo genuino en los últimos 17 años de su vida. Solo de esta manera podremos aprender de Trotsky las lecciones políticas que podemos sacar de sus escritos de las décadas de 1920 y 1930, y lograr explicar su valía a comunistas que proceden de experiencias y orígenes políticos diferentes.

Hay otro problema con la revolución permanente. Significa cosas muy distintas para diferentes personas. Una vez más, no estoy hablando de los sectarios perdidos, de ese más o menos 80 por ciento. Estoy hablando de lo que significa para algunos de los revolucionarios que son dirigentes de la Cuarta Internacional.

Si uno lee los escritos de Ernest Mandel, por ejemplo, podría llegar a la conclusión de que en ninguna parte ha existido jamás un gobierno de trabajadores y agricultores. Definitivamente no existe hoy día uno en Granada. No existe uno en Nicaragua. Tampoco existió jamás en Cuba o en Argelia. No hay nada en los escritos publicados de Ernest Mandel que indique que un gobierno de trabajadores y campesinos sea teóricamente imposible, pero al parecer ninguno ha existido jamás. Su punto de vista sobre la revolución permanente lo lleva a esta conclusión respecto a esta cuestión clave de la estrategia comunista de hoy.[72]

Luego está Pierre Frank, por muchos años dirigente de la Cuarta Internacional, un comunista y un veterano del movimiento francés. Escribió un artículo en el número correspondiente a la primavera de 1981 de la revista en francés *Quatrième Internationale*, publicada por el Secretariado Unificado de la Cuarta Internacional. El artículo se titula: "La teoría de la revolución permanente".

La primera oración de este artículo declara: "Para la Cuarta Internacional, la teoría de la revolución permanente formulada por Trotsky es, hasta la fecha, la adquisición más importante del marxismo revolucionario".

Reflexionemos un momento. ¡La teoría de la revolución permanente formulada por Trotsky es la adquisición más importante del marxismo revolucionario! Dejemos a un lado nuestras adquisiciones teóricas fundamentales: materialismo histórico, la teoría del valor basada en el trabajo, etcétera. Limitémonos a considerar solo cuestiones políticas estratégicas. Según Pierre Frank, todos los conceptos estratégicos formulados por Marx, Engels, Lenin, el Partido Bolchevique, la Comintern, el propio Trotsky y todo lo que se ha añadido desde entonces: todo esto palidece al lado de la teoría de la revolución permanente.

El compañero Frank busca justificar esta aseveración señalando varios países donde —en su opinión— la validez de la teoría de Trotsky fue comprobada de una u otra forma, ya sea con victorias o con derrotas. Lo que más me sorprendió de este artículo, que se proponía bregar con esta "adquisición más importante" de la estrategia revolucionaria, y que fue terminado a fines de 1980, es que no menciona ni una sola palabra sobre Nicaragua o Granada. Ni una sola palabra.

Sin embargo, dicho artículo fue escrito menos de un año después de que Pierre Frank, sosteniendo estas opiniones, votara en contra de una resolución presentada al Congreso Mundial de la Cuarta Internacional, donde se explicaba que el gobierno nicaragüense era un gobierno de trabajadores y agricultores. Evidentemente, "la adquisición más importante" del movimiento revolucionario mundial no tiene mucha utilidad para entender las revoluciones más importantes en las Américas.

Finalmente, veamos lo que se dice sobre la revolución permanente en un folleto escrito por George Breitman, también veterano dirigente político de la Cuarta Internacional y del Partido Socialista de los Trabajadores. El folleto se titula *How a Minority Can Change Society* [Cómo una minoría puede cambiar a la sociedad], y vale la pena volver a leerlo. Se presentó por primera vez en Chicago, en una conferencia educativa socialista del Medio Oeste, a comienzos de 1964. Por cada error que pueda haber en él, hay muchas ideas que les permitirán que avance su pensamiento sobre el carácter de la revolución norteamericana que viene y la lucha afronorteamericana por la liberación nacional.

Pero un interesante párrafo trata directamente con la teoría de la revolución permanente de Trotsky. El compañero Breitman explica brevemente nuestra comprensión básica de que la lucha por la liberación de los negros sigue una dinámica que tiende a ir más allá de la lucha por derechos democráticos y a fundirse con la lucha por el socialismo en este país.

"En esta tendencia de pasar de las metas democráticas a las socialistas, de superar el marco capitalista que ahora la rodea", escribe Breitman, la lucha de los negros "es similar a las luchas coloniales, que también parten de objetivos democráticos, como lo son la independencia y el autogobierno, pero se ven imposibilitadas de lograr estos objetivos democráticos a menos que se quiten de encima la bota capitalista".

Y aquí añade: "La dirección china llama a este proceso 'la revolución ininterrumpida', y León Trotsky lo llamó 'la revolución permanente'".[73]

Así que aquí hay otra definición más. La revolución permanente es lo que los estalinistas en China y sus seguidores en otras partes llamaban revolución ininterrumpida. Pero de seguro que esto no es correcto. La teoría de Mao era la revolución ininterrumpida en un solo país, como Tom Kerry, otro veterano dirigente del PST, lo planteó una vez. Mao buscaba "revolucionar" la sociedad para mantener en el poder a una casta privilegiada, y con ese objetivo sacrificó los intereses del pueblo trabajador de China y del mundo.

Podría ofrecer muchos otros ejemplos, pero con estos pocos deberíamos tener suficiente para hacernos reflexionar. Si nos remontamos a las diferencias que tuvo Trotsky con Lenin antes de la Revolución Rusa de 1917 y, junto a los errores izquierdistas a partir de 1928, las incorporamos a la revolución permanente (como hacen explícitamente Pierre Frank y Ernest Mandel), vemos que ésta nos desvía del eje de nuestra continuidad política con el bolchevismo y los primeros cuatro congresos de la Comintern. Nos aleja de la lucha por un partido genuinamente proletario.

Nuestro movimiento ha logrado enriquecer nuestro programa sobre la base de la experiencia de la lucha de clases a escala mundial. En el documento aprobado en 1963 en el congreso de reunificación de la Cuarta Internacional, por ejemplo, se explicó que la guerra de guerrillas "bajo una dirección que se encuentra empeñada en proseguir la revolución hasta su término", debe "ser conscientemente incorporada a la estrategia de construir partidos marxistas revolucionarios en los países coloniales".[74]

Pero aún más importante, hemos enriquecido nuestra comprensión de lo que es un gobierno de trabajadores y agricultores. Durante un tiempo, en la Cuarta Internacional estuvimos de acuerdo de que en Argelia había surgido un gobierno de trabajadores y campesinos a comienzos de la década de 1960.[75] Pero dicho acuerdo se desvaneció al ensancharse las diferencias políticas.

El gobierno de trabajadores y agricultores es clave a nuestro programa y nuestra estrategia de transición hoy. De no presentar al pueblo trabajador la perspectiva de tomar el poder gubernamental, un programa no hace más que jugar a la revolución. Este es precisamente el punto planteado por los compañeros Piñeiro, Montané y Handal.

Un gobierno de trabajadores y agricultores es la primera etapa, la antesala, de la dictadura del proletariado. Sin embargo, sabemos que cuando se les explica esta idea a los trabajadores —incluso quienes la consideran una buena idea—, ellos no piensan sobre tal gobierno de la misma forma que nosotros. Si así lo hicieran, la marcha de la historia estaría mucho más avanzada. Y nuestras tareas serían mucho más fáciles.

Propugnamos un gobierno de trabajadores y agricultores como una consigna transicional a fin de plantear la idea de que los obreros, en alianza con otros entre las masas trabajadoras, deben organizarse para tomar el poder gubernamental y usarlo para dar impulso a sus intereses de clase. De esta manera, la consigna ayuda a elevar la conciencia de clase de los obreros y a forjar una alianza con otros explotados entre el pueblo trabajador.

Sin embargo, es más que una mera consigna. Creemos que la historia ha demostrado que en nuestra época, el gobierno que surgirá de una exitosa revolución anticapitalista, será un gobierno de trabajadores y agricultores. Es la primera forma de gobierno que sigue a una insurrección triunfante contra la burguesía, un gobierno que no les va a entregar el poder a los capitalistas, sino que peleará para *arrebatárselos* y usarlo para abrir el camino para profundizar la movilización de los trabajadores y agricultores y la expropiación de los explotadores.

Pero se trata de un proceso. Y no viene con una garantía a priori de éxito. En los países coloniales y semicoloniales, las tareas iniciales del nuevo gobierno revolucionario son principalmente las de la revolución democrática: liberación nacional, reforma agraria, medidas para mejorar las condiciones de vida y extender los derechos de la clase obrera y el campesinado. En Estados Unidos y otros países capitalistas avanzados, también sucederá que el establecimiento de un estado obrero sobre la base de nuevas relaciones de propiedad no se va a lograr de la noche a la mañana luego de una revolución socialista victoriosa. Esa transición también tomará tiempo, organización, y lucha de clases, basada en una alianza gubernamental de trabajadores y agricultores.

Es esta etapa transicional de importancia extrema, y la riqueza concreta de la lucha de clases y de la dirección proletaria de sus aliados durante esa transición, lo que se pierde de vista cuando se rechaza o "se salta" el gobierno de trabajadores y agricultores.

Proletarización y continuidad comunista hoy

ESTO NOS TRAE AL PUNTO de partida de este artículo: la convergencia política de fuerzas revolucionarias, de comunistas que se originan a partir de experiencias y legados diferentes. La fusión de corrientes políticas revolucionarias ha sido parte del proceso de desarrollar un programa y una estrategia para la clase trabajadora desde el comienzo del movimiento comunista moderno.

La fusión de los bolcheviques con la organización de los *mezhrayontsi* de Trotsky en julio de 1917, por ejemplo, formó parte del proceso de forjar la dirección de la Revolución Rusa y los cuadros que dirigieron la elaboración del programa de la Internacional Comunista. Después de 1917, nunca cruzó por la mente de Lenin la idea de que Trotsky pudiera ser algo distinto de un bolchevique, y desde entonces no hubo otro mejor, como dijera Lenin.

El Partido Comunista de Cuba es un partido diferente del Movimiento 26 de Julio, y mejor. Su fusión con otras fuerzas revolucionarias en la década de 1960 para construir un nuevo partido estaba enraizada en una lucha común desde antes de 1959, la cual hizo posible el triunfo.

La fusión hizo más que simplemente aumentar las filas del nuevo partido; enriqueció su óptica y amplitud de experiencia de lucha de clases.

Tanto el Frente Sandinista de Liberación Nacional como el Movimiento de la Nueva Joya resultaron de la convergencia y fusión políticas de diversas corrientes. Y un partido unificado que surja de la revolución en El Salvador será políticamente más fuerte que cualquiera de sus partes o que la coalición actual.

Cada vez que un partido lleva a cabo de forma exitosa una fusión principista con otras fuerzas revolucionarias, se transforma y avanza, de ahí que el producto final sea tanto más rico y más completo. Sabemos de nuestra propia experiencia en la última década cómo el PST cambió y se fortaleció a través de fusiones.

Lo mismo ocurre a nivel internacional.

Somos parte de una convergencia política a nivel mundial de fuerzas comprometidas a hacer y defender la revolución socialista, y a subordinar cualquier otra consideración para extenderla. Por ello, la Cuarta Internacional tiene hoy la mayor oportunidad en su historia de impulsar la perspectiva que ha defendido durante medio siglo: la construcción de una Internacional comunista y de masas.

Las direcciones de las revoluciones cubana, nicaragüense y granadina representan el renacer del comunismo, de direcciones que practican el internacionalismo proletario. Parafraseando el Programa de Transición, ahora *hay* otras corrientes revolucionarias realmente dignas del nombre, y están desempeñando un poderoso papel histórico. Pero no debemos olvidar jamás que nosotros también debemos demostrar de forma constante que somos dignos del nombre de revolucionarios.

Es precisamente aquí donde cobra tanta importancia la defensa y enriquecimiento de las conquistas políticas del Congreso Mundial de la Cuarta Internacional de 1979. Fue mucho lo logrado en ese congreso.

Un informe aprobado allí subrayó "que las secciones de la Cuarta Internacional deben efectuar un *viraje* radical para organizarse inmediatamente con el objetivo de que una gran mayoría de nuestros militantes y dirigentes se incorporen a la industria y a los sindicatos industriales". El informe al Congreso Mundial señaló que "está al orden del día una radicalización de la clase obrera, aunque desigual y con ritmos diferentes según los países" y que "la ofensiva de los gobernantes provocará grandes cambios en los sindicatos industriales". Continuaba:

> Lo esencial para los revolucionarios es estar presentes, estar en ese sector decisivo de la clase obrera, formar parte de ella, antes de que se den estas confrontaciones.
> Es *ahí* donde hallaremos las fuerzas para construir la Cuarta Internacional, para construir partidos obreros. Es *ahí* donde encontraremos a los trabajadores jóvenes, al creciente número de trabajadoras, a los trabajadores de las nacionalidades oprimidas y a los trabajadores inmigrantes. Es en el seno de la clase obrera industrial donde los partidos revolucionarios recibirán una respuesta favorable a nuestro programa y reclutarán para nuestro movimiento.

El informe, aprobado por la Cuarta Internacional, explicó que

> Únicamente los partidos que sean proletarios, no solo por su programa, sino por su composición y experiencia, podrán dirigir a los trabajadores y sus aliados en las luchas que están al orden del día. Únicamente los partidos de obreros industriales serán capaces de resistir las presiones, incluso las presiones ideológicas, de las clases dominantes. Y estas presiones van a aumentar.
>
> Estos partidos serán los únicos que podrán sentir el pulso de la clase obrera, que no interpretarán equivocadamente sus propias actitudes, ignorancia y reacciones como las de la clase obrera. En otras palabras, únicamente los partidos de obreros industriales pueden avanzar y extender su campo de actividad.

Ya que el viraje a la industria había sido aprobado originalmente por el Partido Socialista de los Trabajadores en 1978, nuestros cuadros lo llevaban a cabo y encabezábamos la lucha por esta perspectiva en la Cuarta Internacional. Fui yo quien presentó el informe ante nuestro movimiento mundial. El informe arraigó el viraje en la continuidad programática del comunismo. "No estamos abriendo un camino nuevo en este sentido", subrayaba el informe. "En la historia del movimiento marxista los mejores partidos han sido los más proletarios: los más revolucionarios, los menos economistas, los más políticos. Estudiemos a los bolcheviques, estudiemos a Rosa Luxemburgo. Estudiemos los objetivos que se fijó la Cuarta Internacional, con la orientación y la dirección de Trotsky, a fines de los años treinta".[76]

En el Congreso Mundial de 1979 se aprobó una resolución que presenta la perspectiva comunista para la lucha por la emancipación de la mujer. La resolución se basó en los fundamentos programáticos sentados por Marx y Engels y por la Internacional Comunista. Los ataques por parte de feministas burguesas y pequeñoburguesas contra nuestra comprensión materialista de los orígenes de la opresión de la mujer fueron tratados y rechazados por la resolución del Congreso Mundial.[77]

Se elaboró una evaluación crítica de la desorientación ultraizquierdista de la Cuarta Internacional, la cual se inició a finales de la década de 1960 en torno a una desastrosa línea estratégica continental adoptada para América Latina. El Congreso Mundial de 1979 reconoció que, como resultado de esta línea política errada, "muchos camaradas y partidos de la Cuarta Internacional fueron desarmados políticamente ante la ampliamente difundida pero falsa idea de que un pequeño grupo de revolucionarios valientes y capaces podían poner en marcha un proceso que llevaría a una revolución socialista. El proceso de arraigar nuestros partidos en la clase obrera y en las masas oprimidas fue obstaculizado".

Además, en el Congreso Mundial de 1979 se dieron debates que prefiguraron los inmensos retos que enfrenta la Cuarta Internacional hoy día. Hubo, por ejemplo, agudos desacuerdos sobre la evaluación de la revolución en marcha en Nicaragua. Una mayoría de los delegados rechazó la evaluación presentada en una resolución apoyada por los delegados del PST, según la cual en Nicaragua se había establecido un gobierno de trabajadores y agricultores, y que las direcciones cubana y nicaragüense eran direcciones revolucionarias proletarias.

Allí se desató también un debate afín, en torno a dos resoluciones contrapuestas sobre la dictadura del proletariado. La importancia de los temas situados al centro de ese debate se ha hecho cada vez más evidente a medida que avanza la discusión hoy día en la Cuarta Internacional sobre lo que es la continuidad revolucionaria del comunismo y cómo eso está relacionado con las responsabilidades y oportunidades planteadas por el surgimiento de direcciones marxistas en Centroamérica y el Caribe, y por la polarización creciente y la politización obrera en Estados Unidos y otros países imperialistas.[78]

Si la Cuarta Internacional no se pone a la altura del reto que representa pasar a formar parte del proceso de convergencia política en marcha hoy día, entonces las conquistas del Congreso Mundial de 1979 se desvanecerán a un ritmo acelerado, y los errores allí cometidos se acentuarán y extenderán en lugar de ser corregidos. En tal caso, la Cuarta Internacional en su conjunto no avanzará en la construcción de partidos compuestos en su gran mayoría por obreros industriales, partidos que sean cada vez más multinacionales en su militancia y en su dirección, que tengan la vista puesta en los trabajadores jóvenes y las capas más oprimidas y explotadas de la clase obrera y sus aliados. Asimismo, se desarrollará un repliegue del curso comunista hacia la lucha por los derechos de la mujer. Posiciones que por mucho tiempo se han dado por sentadas —defensa política incondicional de los estados obreros contra el imperialismo; el frente único antiimperialista en las naciones oprimidas— comenzarán a erosionarse.

Pero si la Cuarta Internacional se pone a la altura de estos desafíos, entonces podrá brindar un aporte irremplazable al proceso de convergencia política. Además de la continuidad comunista que tenemos en común con otros revolucionarios hoy día —continuidad que se remonta a

Marx, Engels, Lenin, el Partido Bolchevique y los primeros años de la Comintern— somos comunistas que aportamos algo más a esta convergencia. Somos comunistas que aportamos una comprensión rica de la resistencia que se dio en la dirección del Partido Comunista soviético durante la década de 1920 contra el repliegue por parte de la casta burocrática en formación, con el cual abandonaba el internacionalismo proletario y una estrategia proletaria revolucionaria.

Al movimiento comunista traemos una comprensión rica de las contribuciones políticas y estratégicas de Trotsky durante su último exilio. Eso incluye no solo su defensa del programa de la Comintern, sino además la aplicación que hizo del mismo a los nuevos acontecimientos políticos de la década de 1930. Trotsky sonó la alarma ante al ascenso del fascismo en Alemania y el resto de Europa, agitando de forma infatigable para que los partidos y sindicatos comunistas y socialdemócratas dirigieran la forja de un frente único para derrotar a la reacción en las calles. Expuso el curso colaboracionista de clases del Frente Popular de los estalinistas, el cual condujo a la devastadora derrota de las aperturas revolucionarias en Francia y España al subordinar las luchas de los trabajadores y agricultores a las necesidades de clase del ala "democrática" de la burguesía. Analizó las consecuencias de la sangrienta consolidación por parte de la casta burocrática privilegiada de su monopolio político en la Unión Soviética y la estrechamente vinculada degeneración estalinista de la Comintern.

Para finales de la década de 1930, Trotsky inició y —a nivel mundial— peleó políticamente en pro del esfuerzo, encabezado en este país por James P. Cannon y otros líderes del PST, de impulsar la proletarización del partido dirigiendo a los cuadros a que se integraran cada vez más profundamente a los sindicatos y movimientos obreros de masas. Como lo había demostrado la experiencia bolchevique un cuarto de siglo antes, ese curso fue esencial para preparar a un partido comunista y a sus cuadros para las enormes presiones que acompañarían a la guerra imperialista, guerra que para entonces había pasado a ser inevitable.

Sin embargo, para hacer estos aportes al movimiento mundial, debemos ser capaces de enfrentar la prueba de la experiencia en la lucha de clases revolucionaria desde la Segunda Guerra Mundial. Debemos reconocer que la teoría de la revolución permanente formulada por Trotsky *no* es una generalización correcta del programa y la estrategia históricos del comunismo. Al compararla con los informes y resoluciones de los primeros años de la Comintern, los cuales se fundaban en el programa y la estrategia previos a 1917 del bolchevismo, la revolución permanente debilita, en vez de enriquecer, nuestra comprensión de la alianza obrero-campesina, y de la relación y transición entre la revolución democrática y la socialista en las naciones oprimidas por el imperialismo. Durante la mayor parte de nuestra historia, nuestra adhesión a la revolución permanente nos ha llevado a no prestarle suficiente atención a la reconquista de nuestra continuidad política con los documentos de la Comintern y con los escritos políticos de Lenin de antes de 1917. Nos ha legado una comprensión incompleta y unilateral de los preparativos políticos para la Revolución Rusa y las raíces de la Comintern, privándonos de ricas lecciones.

Eso es lo que en el Partido Socialista de los Trabajadores hemos descubierto en los últimos cinco años desde que realizamos nuestro viraje a la industria, desde que comenzamos a volvernos más proletarios, desde que comenzamos a salir de la existencia semisectaria que nos impusieron las condiciones de las décadas de 1950 y 1960, y desde que comenzamos a seguir más de cerca el curso de las revoluciones y de las direcciones proletarias en Centroamérica y el Caribe.

Nuestra integración cada vez más profunda a la clase obrera y al movimiento sindical de este país primero nos hizo regresar a Marx y Engels. Eso comenzó en 1978 cuando comenzamos el viraje a la industria y, al mismo tiempo, nos organizamos para crear una escuela de dirección. Desde su primera sesión la escuela ha estado estructurada en torno a la lectura y estudio intensivos de los escritos políticos de Marx y Engels, su evolución en comunistas científicos durante la década de 1840; su participación en la fundación de la primera organización comunista de la clase obrera moderna en 1847–48, y en la elaboración de su programa político y sus normas; su participación como dirigentes proletarios de la revolución democrática de 1848 en Alemania y las conclusiones que extrajeron de esa y las demás revoluciones de 1848; su papel en la fundación de la Primera Internacional y en la defensa de sus bases programáticas y organizativas contra las corrientes anarquistas y pequeñoburguesas de toda suerte; las conclusiones que extrajeron de la Comuna de París; sus extensas observaciones y análisis de la Guerra Civil y la lucha de clases en Estados Unidos; y más.

Entonces, a medida que avanzaban las revoluciones en las Américas, y a medida que más nos volvíamos un partido *de* la clase trabajadora en este país, y al ir creciendo nuestro entendimiento de nuestro legado en Marx y Engels, nos lanzamos a leer y a estudiar intensamente, en todas las ramas del PST, los escritos políticos de Lenin.[79] Y hemos descubierto un Lenin y una continuidad política que desconocíamos.

Estos han sido puntos fuertes del Partido Socialista de los Trabajadores en los últimos años. Respondimos a la creciente crisis del capitalismo y a la politización de la clase trabajadora tomando medidas audaces para cambiar tanto el eje central de nuestra labor como nuestra composición social, para transformarnos en un partido cuya militancia y dirección incluyan a más trabajadores jóvenes, más trabajadores que son negros, y más trabajadores cuya primera lengua es el español.

Reconocimos y acogimos el surgimiento de direcciones proletarias que encabezan revoluciones socialistas en este hemisferio, y pusimos la defensa de estas revoluciones al centro de nuestra actividad política.

No hemos temido aprender del desarrollo real de la lucha de clases en este país y en el mundo, aprender de otros revolucionarios. No hemos temido enfocar cuestiones objetiva y críticamente, incluso nuestro propio legado, y al hacerlo estamos fortaleciendo ese legado.

En cierta manera, el cambio que propongo es uno de los más drásticos de nuestro movimiento desde que surgimos hace más de medio siglo como corriente política distinta en la política mundial. Desde ese entonces, la revolución permanente, con todos sus significados, ha sido un concepto guía para todo nuestro movimiento mundial, incluido el PST.

Sin embargo, en cierto modo aún más importante, este no es un cambio tan grande. De ninguna manera significa desviarse de la línea de marcha trazada por los primeros comunistas científicos en 1847–48, y seguida por Marx y

Engels desde ese entonces hasta sus muertes. No representa un cambio del programa y la estrategia del bolchevismo que, a partir de 1903, sentó las bases para la victoria —14 años después— de la primera revolución socialista, la primera experiencia del proletariado con su dictadura de clase. No representa ningún cambio del curso trazado por la Internacional Comunista en los tiempos de Lenin, entre 1919 y 1923.

Y no representa cambio alguno de la lucha política librada por Trotsky desde mediados de la década de 1920 y durante la de 1930 para preservar, desarrollar y aplicar esta continuidad comunista contra los esfuerzos de una capa burocrática privilegiada en la URSS de desechar el internacionalismo proletario y abandonar la lucha por la extensión de la revolución socialista mundial. En realidad, en la década de 1980, *únicamente* reconociendo que la revolución permanente es una generalización equivocada del programa y la estrategia comunistas, podremos redescubrir de una forma más rica y exacta a Trotsky como el continuador de la batalla de la clase obrera mundial que alcanzó su cúspide con la victoria de la Revolución Rusa, y que ha logrado nuevas victorias desde entonces.

Todos los revolucionarios hoy día tienen mucho que aprender de Trotsky, quien fue uno de los grandes marxistas de este siglo y quien ayudó a transmitirnos lo que nuestra clase aprendió de Marx, Engels y Lenin. Sin embargo, nuestro movimiento debe cambiar la forma en que hemos empleado y explicado las contribuciones de Trotsky.

Cuando leamos los escritos de Trotsky hoy —después de Cuba, Nicaragua y Granada, tras empezar a vivir la politización de la clase trabajadora en este país— nos resultarán más útiles y obtendremos nuevas apreciaciones. Si esto no fuera cierto, sería porque no estamos enfocando nuestra continuidad como un programa vivo. Porque no solo tomamos *de* nuestro programa, también contribuimos *a* él. Constantemente construimos y reconstruimos la continuidad, enriqueciendo y cambiando de manera crítica nuestra comprensión de esa continuidad, y aplicándola a nuevas situaciones.

Nuestra continuidad política es el programa y la estrategia del comunismo desde los días de Marx y Engels, que pasa por la forja del Partido Bolchevique por Lenin, pasa por la revolución de 1917 en Rusia, por la formación de la Internacional Comunista y la lucha por preservarla, y por los documentos de fundación de la Cuarta Internacional y las adiciones hechas a ellos posteriormente.

Junto a las obras de Lenin, el mejor lugar dónde descubrir esa continuidad es en los documentos de los primeros cuatro congresos de la Comintern.[80] Cuando leemos y estudiamos esos documentos, absorbemos el curso político que hizo posible la conquista del poder por los trabajadores y campesinos de Rusia bajo la dirección bolchevique. Porque el programa de la Comintern incorpora y se funda en el programa y la estrategia sintetizada en la fórmula de Lenin sobre la dictadura democrática revolucionaria del proletariado y el campesinado.

Nuestro movimiento necesita hoy leer, estudiar y absorber la riqueza contenida en las resoluciones, informes y debates de la Internacional Comunista. Estos documentos nos ayudarán a prepararnos para lo que nos espera en la lucha de clases en este país y alrededor del mundo. Esto es tanto más importante porque es precisamente a lo que otros revolucionarios recurren para encontrar respuestas. Es algo que compartimos con ellos.

Al leer los documentos de la Comintern, nuestros ojos no los verán a través de "la revolución permanente", sino fijos en lo que ocurre en la lucha de clases a nivel mundial hoy. Leeremos a Lenin, no con los ojos de Trotsky, sino con nuestros propios ojos y basados en nuestras propias experiencias, exactamente como lo hizo Trotsky. Al hacerlo podremos encontrar en Trotsky los escritos políticos más ricos y la mejor aplicación del programa y la estrategia comunistas hechos por un marxista entre los años 1923 y 1940. Y esto se lo brindaremos a otros revolucionarios.

Al leer a Trotsky con un conocimiento más pleno de Marx, Engels y Lenin, nuestra lectura de sus escritos será más penetrante. Seremos más aptos para aplicar esas lecciones a los acontecimientos de la actualidad en la lucha de clases de este país y a nivel internacional.

Si leen los escritos políticos de Lenin, encontrarán que están repletos de citas, referencias y paráfrasis tomadas de los escritos de Marx y Engels. Durante el tercio de siglo que luchó en el movimiento obrero revolucionario, Lenin no agotó las lecciones políticas que podía aprender de Marx y Engels. Cuando cayó asesinado en 1940, Trotsky no había agotado las lecciones que podía aprender de Marx, Engels y Lenin. Y podemos estar seguros que no importa el grado de madurez que alcancemos en la lucha obrera, ninguno de nosotros va a agotar las lecciones que podamos aprender de Marx, Engels, Lenin y Trotsky.

Si enfocamos nuestra continuidad revolucionaria de esta manera, entonces las contribuciones de Trotsky encontrarán su puesto en el arsenal político del movimiento comunista internacional a medida que avance la revolución mundial.

Claro está que nada de esto ocurrirá de la noche a la mañana. Lo que estamos viviendo hoy día es una convergencia *política* internacional de comunistas, una que no tiene marco organizativo común, y para el cual no hay perspectivas inmediatas. La rapidez con que eso cambie, y las formas que pueda asumir, las determinarán grandes fuerzas de clase y acontecimientos en la política mundial que están más allá de nuestro control inmediato o del de cualquier corriente revolucionaria. Para los comunistas, en esto, como en todo lo demás que hacemos, la objetividad, el sentido de ser parte de la historia viviente, e incluso un poco de paciencia combinada con un sentido de proporción, son buenas cualidades.

El dirigente del Partido Comunista de Cuba, Carlos Rafael Rodríguez, demuestra estas tres cualidades en un párrafo perspicaz de su artículo "Lenin y la cuestión colonial", escrito en 1970.

Tras resumir el informe y las tesis de Lenin sobre la cuestión nacional y colonial aprobados en el segundo congreso de la Comintern, Rodríguez plantea la siguiente pregunta:

"¿Cuál ha sido la prueba de la historia?

"No sería posible entregarnos a un examen sistemático de la aplicación de las tesis leninistas a la realidad de los movimientos coloniales y semicoloniales", responde.

> No solo excede las posibilidades de este estudio —realizado con un objetivo esencial de divulgación—, sino que las circunstancias mismas lo hacen indeseable. Porque lo primero que habría que preguntarse es hasta qué punto las tesis leninistas fueron verdaderamente aplicadas. Y esa interrogante nos llevaría de lleno a examinar toda

la política de la Internacional Comunista y sus secciones durante un largo tramo histórico. Hacerlo en las condiciones de discrepancia que prevalecen todavía en el movimiento comunista internacional resulta imposible.

Rodríguez sí tiene paciencia y un sentido de la historia. Tiene confianza en que, al cambiar los tiempos, cambiarán también las cosas que pueden y deben decirse. Volviendo a la pregunta: "¿Hasta qué punto las tesis leninistas fueron verdaderamente aplicadas?", Rodríguez continúa así:

> Pero es imprescindible, por lo menos, registrar que el problema existe y que llegará el momento en que será no solo posible, sino necesario, acometerlo a fondo. El hecho de que en el centro de la cuestión estén situadas las luchas de Trotsky y Zinóviev contra la política de J.V. Stalin en China en 1926 y 1927, no autoriza a definir, perentoria y apriorísticamente, el problema mediante la simple apología de decisiones oficiales de la Internacional Comunista.

En realidad, la pregunta sin responder de Rodríguez es lo que el dirigente del PC salvadoreño Handal comienza a tratar en el artículo que discutimos antes. Es una cuestión que los dirigentes cubanos siguen abordando al ayudar a extraer y generalizar las lecciones de sus propias experiencias y las del pueblo trabajador por todo el Caribe, Centro y Sudamérica.

Nosotros en el PST podemos y debemos expresar hoy nuestras conclusiones sobre estas cuestiones. Y podemos tener la confianza de que, para parafrasear a Rodríguez, cuando llegue el momento en que no solo será posible sino necesario de que todo el movimiento comunista revolucionario acometa a fondo estas cuestiones, podremos hacer una contribución que otros revolucionarios atenderán y considerarán, igual que haremos nosotros con las contribuciones de ellos. *Nuestro* Trotsky —el continuador del curso trazado por Lenin, el comunista proletario— encontrará su lugar.

Si bien existen muchos aspectos sobre el resultado final de la actual convergencia política de revolucionarios que no tenemos forma de saber de antemano, sí hay algo que creo podemos decir que es muy probable: *comunismo* será el nombre común que designe a la organización obrera internacional que surja de este proceso actualmente en marcha. Ese será el nombre de los partidos obreros revolucionarios que se formarán y de la organización directiva internacional que ellos forjen.

Esto será así por la misma razón que Marx y Engels adoptaron ese nombre.

Por la misma razón que en 1918 los bolcheviques cambiaron el nombre de su partido de Partido Obrero Social Demócrata Ruso al de Partido Comunista.

Y por la misma razón que a la nueva Internacional revolucionaria se le dio ese nombre en 1919. Seguramente los bolcheviques se habrían salido con la suya de haber sugerido que se la llamara la Internacional Bolchevique. Eso lo habrían acogido con vítores los trabajadores avanzados en todo el mundo. Si alguna vez hubo héroes de los oprimidos y explotados del mundo, fueron los bolcheviques durante aquellos años, revolucionarios que cumplieron con su deber, que tomaron el poder, y se dedicaron a ayudar a otros trabajadores y agricultores por todas partes a hacer lo mismo.

Pero los bolcheviques dijeron que no, que la palabra correcta es *comunista*. Como lo había explicado Lenin anteriormente al motivar la adopción de ese nombre para el Partido Bolchevique, la palabra *socialista* no sería la adecuada. Socialista *es* la descripción correcta de una revolución contra el régimen capitalista, así como de la nueva sociedad que la dictadura del proletariado inicialmente hará posible a escala mundial. Basándose en Marx y Engels, Lenin explicó que este nuevo orden mundial socialista tendrá como base la propiedad estatal de los medios de producción, y que la riqueza producida por la sociedad colectivamente será distribuida "según el trabajo de cada cual".

Sin embargo, prosiguió Lenin, "Nuestro partido va más allá: afirma que el socialismo deberá transformarse inevitablemente y de modo gradual en comunismo". Una sociedad comunista, con su abundancia y capacidad productiva altamente desarrollada, podría entonces distribuir su riqueza de acuerdo al principio de, "De cada cual según su capacidad; a cada cual según sus necesidades".[81]

Es por eso que Marx y Engels escogieron el nombre Manifiesto del Partido Comunista para el primer documento del proletariado que generaliza su línea de marcha para una época histórica entera en su lucha por pasar a ser la fuerza dominante en el mundo, y sentar así las bases para la abolición de todas las clases y formas de explotación y opresión.

En 1914, la Segunda Internacional —que durante un cuarto de siglo encarnó la continuidad del marxismo—, traicionó esa herencia. La decisión de llamar *comunista* a su sucesora significó, por lo tanto, no solo retomar un nombre, sino también recoger el hilo que pudiera atar a la nueva Tercera Internacional más fuertemente aún a su verdadera continuidad.

El Movimiento 26 de Julio, igualmente, pudo haber argüido que se mantuviera un nombre relacionado con sus orígenes e historia cubanos particulares. Pero los dirigentes de la Revolución Cubana optaron por no hacer eso. Tras varios años de discusión, propusieron el nombre Partido Comunista, y ese fue el que adoptaron en 1965.

Comunismo. Esa es la tradición común que todo revolucionario, procedente de la perspectiva que sea, encontrará valiosa a medida que avancemos y nos vayamos acercando.

Antes que acabe la presente década muchos de nosotros no vamos a llamar "trotskista" a nuestro movimiento, como tampoco lo hizo jamás el mismo Trotsky. Nosotros en el Partido Socialista de los Trabajadores, al igual que Trotsky, somos comunistas.

Claro que este cambio en lo que nos llamen y en lo que nos llamemos ocurrirá solo si hay avances revolucionarios en la lucha de clases a nivel internacional. Sin que avance la revolución obrera internacional, sin convergencias ni fusiones, entonces cada corriente tendrá que cargar con la forma en que otra gente la perciba, en base a cualesquiera sean sus orígenes. No vale la pena quejarse por ello. Sencillamente así van a ser las cosas.

Pero eso *no* es lo que está ocurriendo en el mundo hoy. Lo que está ocurriendo es un ascenso general de la lucha de clases internacional, cuyo centro se encuentra en la extensión de la revolución socialista en Centroamérica y el Caribe.

Muchos que no lo merecen todavía utilizan el nombre

de comunista. Pero eso también va a cambiar a medida que los trabajadores revolucionarios avancen y planteen una dirección alternativa. Esos trabajadores recuperarán ese nombre como propio. La clase obrera internacional ha logrado nuevas conquistas —algo que Trotsky tenía confianza que habría de ocurrir—, y lucha por asumir la dirección de la batalla por la liberación nacional, la emancipación de la mujer, los derechos democráticos y contra la guerra imperialista. Tal como aprendimos de Trotsky, defender cada avance de las masas trabajadoras, no importa cuán pequeño, cada avance de la lucha por la liberación nacional, junto a la defensa incondicional de las conquistas de la Revolución Rusa y de todos los estados obreros posteriores es vital para la extensión de la revolución socialista mundial y la regeneración del comunismo.

Junto a otros luchadores de nuestra clase a escala mundial, nosotros en el Partido Socialista de los Trabajadores estamos reconquistando y enriqueciendo nuestra comprensión de la continuidad política del comunismo. Estamos encontrando formas de explicar a otros trabajadores en este país por qué nuestra clase necesita un gobierno de trabajadores y agricultores, y nos valemos de los ejemplos de Cuba, Nicaragua y Granada para demostrar lo que el pueblo trabajador puede lograr cuando conquistamos el poder político.

Es por esta vía que construiremos en este país un partido comunista proletario y centralizado. Es por esta vía que participaremos en el renacimiento de un movimiento comunista genuino a nivel mundial. Y es por esta vía que nuestra clase aquí en Estados Unidos se unirá, como militantes abnegados, a una revolución socialista americana que está en marcha.

NOTAS

Es posible que algunas de las páginas de títulos de Pathfinder Press aquí citados no correspondan con la impresión que usted posee. Desde 1998 un equipo internacional compuesto por unos 150 voluntarios ha estado trabajando para digitalizar todos los títulos de Pathfinder de modo que la editorial pueda aprovechar nuevos procesos de impresión y producir libros de una forma más económica. En el curso de esa labor, se ha incrementado el tamaño del tipo de las letras de muchos libros y folletos para hacerlos más legibles, y la mayoría de las obras se ha armado de nuevo, por lo cual ha cambiado la paginación.

1. James P. Cannon, *La historia del trotskismo americano, 1928–38* (Nueva York: Pathfinder Press, 2002).

2. *Plataforma Programática del Partido Comunista de Cuba* (La Habana: Editorial de Ciencias Sociales, 1978), págs. 38–47.

3. Jesús Montané Oropesa, "El auge popular en América Latina — Discurso de apertura a la Conferencia Teórica Internacional", publicado en el número del 24 de enero de 1983 de *Perspectiva Mundial*, págs. 16–20.

4. Manuel Piñeiro, "Claves de la victoria revolucionaria — La unidad, las masas y las armas en la lucha por el poder político", publicado en el número del 24 de enero de 1983 de *Perspectiva Mundial*, págs. 21–22.

5. Para una discusión sobre los tres primeros congresos de la

Internacional Comunista por Farrell Dobbs, veterano dirigente del PST, ver Dobbs, *Revolutionary Continuity: Birth of the Communist Movement, 1918–1922* (Continuidad revolucionaria: el nacimiento del movimiento comunista, 1918–1922; Nueva York: Pathfinder Press, 1983).

6. Schafik Jorge Handal, "El poder, el carácter y vía de la revolución y la unidad de la izquierda", publicado en el número del 13 de junio de 1983 de *Perspectiva Mundial,* págs. 17–23.

7. "Tesis sobre la estructura, los métodos, y la acción de los Partidos Comunistas", en *Los cuatro primeros congresos de la Internacional Comunista—Segunda parte* (Buenos Aires: Cuadernos Pasado y Presente, Siglo XXI, 1973), pág. 99.

8. Carlos Marx y Federico Engels, *El manifiesto comunista* (Nueva York: Pathfinder Press, 2008), pág. 57 [2022 impresión].

9. *El manifiesto comunista,* "Prefacio a la edición alemana de 1872", op. cit., pág. 22.

10. "Plataforma de la Internacional Comunista", *Los cuatro primeros congresos de la Internacional Comunista—Primera parte* (Ciudad de México: Cuadernos Pasado y Presente, Siglo XXI, 1973), pág. 63.

11. León Trotsky, *El programa de transición para la revolución socialista: La agonía del capitalismo y las tareas de la Cuarta Internacional* (Barcelona: Fontamara, 1977), págs. 59–61. El Programa de Transición fue adoptado originalmente por el Partido Socialista de los Trabajadores en 1938. Ver *The Founding of the SWP* (La fundación del PST; Nueva York: Pathfinder Press, 1982).

12. Carlos Rafael Rodríguez, *Cuba en el tránsito al socialismo. Lenin y la cuestión nacional* (Ciudad de México: Siglo XXI Editores, 1978).

13. Federico Engels, "The Communists and Karl Heinzen" (Los comunistas y Karl Heinzen) en Carlos Marx y Federico Engels,

Collected Works (Obras completas; Nueva York: International Publishers, 1976), tomo 6, págs. 303–4.

14. *El manifiesto comunista, op. cit.*, pág. 48.

15. Carta "A Joseph Weydemeyer", en Carlos Marx, Federico Engels, *Obras Escogidas* (Moscú: Editorial Progreso, 1973), tomo I, pág. 542.

16. *Los cuatro primeros congresos de la Internacional Comunista—Primera parte, op. cit.*, pág. 203.

17. V.I. Lenin, "Informe de la comisión para los problemas nacional y colonial", *Obras completas* (Moscú: Editorial Progreso, 1981–90), tomo 41, pág. 253.

18. V.I. Lenin, "Informe sobre la situación internacional y las tareas fundamentales de la Internacional Comunista", en *Obras completas*, tomo 41, pág. 239.

19. *Workers of the World and Oppressed Peoples Unite!* (¡Trabajadores del mundo y pueblos oprimidos, uníos!; Nueva York: Pathfinder Press, 1991), tomo 2, pág. 893 [2022 impresión].

20. V.I. Lenin, "Informe sobre la táctica del Partido Comunista Ruso", *Obras completas,* tomo 44, pág. 37.

21. V.I. Lenin, "La enfermedad infantil del 'izquierdismo' en el comunismo", *Obras completas,* tomo 41, págs. 3–4.

22. V.I. Lenin, "Nuevos tiempos, viejos errores de nuevo tipo", *Obras completas,* tomo 44, pág. 107.

23. León Trotsky, "Manifiesto sobre China de la Oposición de Izquierda Internacional", en *La segunda revolución china* (Bogotá: Editorial Pluma, 1976), pág. 73.

24. "La plataforma de la Oposición", *La Oposición de Izquierda en la URSS* (Barcelona: Editorial Fontamara, 1977), págs. 113–20.

25. "La relación entre las clases en la revolución china", en *La* *segunda revolución china, op.cit.*, págs. 35–36. Otro artículo de 1927 por Trotsky —"¿Cuáles fueron mis desacuerdos con Lenin sobre el carácter de la Revolución Rusa?"—, fue traducido y publicado en 1985 en el número 5 de *New International* (Nueva Internacional).

26. León Trotsky, *La Internacional Comunista después de Lenin* (Madrid: Akal Editor, 1977), pág. 201.

27. León Trotsky, 1905. *Resultados y perspectivas* (París: Ruedo Ibérico, 1971).

28. León Trotsky, 1905. *Resultados y perspectivas, op. cit.*, págs. 177 y 144.

29. V.I. Lenin, "El objetivo de la lucha del proletariado en nuestra revolución", *Obras completas,* tomo 17, págs. 382–83 y 401–02.

30. V.I. Lenin, "La Tercera Internacional y su lugar en la historia", *Obras completas,* tomo 38, pág. 327.

31. León Trotsky, "Las fuerzas sociales en la Revolución Rusa", en *Lenin's Struggle for a Revolutionary International* (La lucha de Lenin por una Internacional revolucionaria; Nueva York: Pathfinder Press, 1984, 2002), págs. 578–84 [2022 impresión].

32. V.I. Lenin, "Acerca de las dos líneas de la revolución", *Obras completas,* tomo 27, pág. 85.

33. V.I. Lenin, *Obras completas,* tomo 11, págs. 1–138.

34. León Trotsky, "Discurso al séptimo pleno (ampliado) del Comité Ejecutivo de la Internacional Comunista", en *The Challenge of the Left Opposition, 1926–27* (El desafío de la Oposición de Izquierda, 1926–27; Nueva York: Pathfinder Press, 1980), págs. 241–245 [2019 impresión].

35. Isaac Deutscher, *Trotsky: El profeta armado [1879–1921]* (México: Ediciones ERA, 1966), pág. 205.

36. León Trotsky, "Carta abierta al consejo editorial de 'Kommunist'", en *Lenin's Struggle for a Revolutionary International* (La lucha de Lenin por una Internacional revolucionaria), *op. cit.*, págs. 365–69.

37. V.I. Lenin, "La guerra y la socialdemocracia de Rusia", *Obras completas*, tomo 26, pág. 21.

38. La batalla política en torno a un curso internacionalista proletario durante la Primera Guerra Mundial está completamente documentada en el libro de Pathfinder *Lenin's Struggle for a Revolutionary International* (La lucha de Lenin por una Internacional revolucionaria) citado arriba. La colección incluye artículos y discursos de Lenin, Trotsky y otros dirigentes de las alas revolucionaria, centrista y social-patriota del movimiento obrero internacional, así como documentos de la Izquierda de Zimmerwald.

39. León Trotsky, "Lecciones de los sucesos de Dublín"; en *Lenin's Struggle for a Revolutionary International, Documents: 1907–1916, The Preparatory Years* (Nueva York: Pathfinder, 1984, 2002), pp. 561–64 [impresión de 2022] (La lucha de Lenin por una Internacional revolucionaria; documentos, 1907–1916: los años preparatorios). V.I. Lenin, "La insurrección irlandesa de 1916", en *Obras completas*, tomo 30, págs. 54–59.

40. León Trotsky, "Las lecciones del Gran Año", en *Our Revolution* (Nuestra revolución; Nueva York: Henry Holt, 1918), págs. 176–77.

41. León Trotsky, *The Challenge of the Left Opposition (1923–25)* (El desafío de la Oposición de Izquierda, 1923–25; Nueva York: Pathfinder Press, 1975), pág. 359.

42. León Trotsky, *The Challenge of the Left Opposition (1926–27)* (El desafío de la Oposición de Izquierda, 1926–27), *op. cit.*, pág. 524.

43. León Trotsky, "La revolución china y las tesis del camarada Stalin", en *Leon Trotsky on China* (León Trotsky sobre China;

Nueva York: Pathfinder Press, 1976), pág. 202 [2022 impresión].

44. León Trotsky, "Balance y perspectivas de la revolución china", en *La Internacional Comunista después de Lenin*, op. cit., págs. 237–95.

45. León Trotsky, "Informe sobre el Cuarto Congreso Mundial", en *The First Five Years of the Communist International* (Los primeros cinco años de la Internacional Comunista; Nueva York: Pathfinder Press, 1972), vol. II, pág. 438 [2019 impresión].

46. León Trotsky, "Tesis sobre la situación económica de la Rusia soviética desde la óptica de la revolucion socialista", en *The First Five Years of the Communist International* (Los primeros cinco años de la Internacional Comunista), *op.cit.*, vol. II, pág. 367.

47. León Trotsky, "¿Ha madurado el momento para la consigna 'Estados Unidos de Europa'?", en *The First Five Years of the Communist International* (Los primeros cinco años de la Internacional Comunista), *op.cit.*, vol. II, pág. 460.

48. Fidel Castro en *Primer Congreso del Partido Comunista de Cuba, Memorias* (La Habana: Departamento de Orientación Revolucionaria del Comité Central del PCC, 1976), pág. 144.

49. Jean Van Heijenoort, *With Trotsky in Exile* (Con Trotsky en el exilio; Cambridge: Harvard University Press, 1978).

50. León Trotsky, "Declaración de la delegación bolchevique-leninista a la conferencia de las organizaciones socialistas y comunistas de izquierda", en *Escritos: Tomo V, 1933–34* (Bogotá: Editorial Pluma, 1976), volumen 1, pág. 58.

51. León Trotsky, "Manifiesto de la Cuarta Internacional sobre la guerra imperialista y la revolución proletaria mundial", en *Escritos: Tomo XI, 1939–40* (Bogotá: Editorial Pluma, 1976), volumen 2, pág. 274.

52. León Trotsky, "La URSS en guerra", en *En defensa del marxismo* (Nueva York: Pathfinder Press, 1995), pág. 76 [2021 impresión].

53. León Trotsky, "El mundo colonial y la segunda guerra imperialista", en *Documents of the Fourth International* (Documentos de la Cuarta Internacional; Nueva York: Pathfinder Press, 1973), pág. 391.

54. León Trotsky, "¡Acercarnos a los proletarios de las razas 'de color'", en *Escritos: Tomo III, 1932* (Bogotá: Editorial Pluma, 1977), volumen 1, pág. 172.

55. León Trotsky, "Noventa años del Manifiesto Comunista", reproducido como introducción a *El manifiesto comunista, op. cit.*, pág. 18.

56. León Trotsky, *Leon Trotsky on Black Nationalism and Self-Determination* (Leon Trotsky sobre el nacionalismo negro y la autodeterminación; Nueva York: Pathfinder Press, 1978).

57. Van Heijenoort, *With Trotsky in Exile* (Con Trotsky en el exilio), *op. cit.*

58. León Trotsky, *El programa de transición para la revolución socialista, op. cit.*, pág. 81.

59. Van Heijenoort, *With Trotsky in Exile* (Con Trotsky en el exilio), *op. cit.*

60. León Trotsky, *Escritos: Tomo XI, 1939–40* (Bogotá: Editorial Pluma, 1976), volumen 1, págs. 74–98.

61. León Trotsky, *La revolución permanente* (Barcelona: Fontamara, 1976), pág. 92.

62. León Trotsky, *Leon Trotsky on China* (Leon Trotsky sobre China), *op. cit.*, págs. 735–52.

63. Ver Jack Barnes, *For a Workers and Farmers Government in the United States* (Por un gobierno de trabajadores y agricultores en Estados Unidos; Nueva York: Pathfinder Press, 1985), así como el artículo por Barnes relacionado, incluido en el número 4 de *New International* (Nueva Internacional).

64. León Trotsky, *El programa de transición para la revolución socialista*, *op. cit.*, págs. 27–82.

65. Jack Barnes, *For a Workers and Farmers Government in the United States* (Por un gobierno de trabajadores y agricultores en Estados Unidos), *op. cit.*, pág. 7.

66. "La Oposición Internacional de Izquierda, sus tareas y métodos", en *Documents of the Fourth International* (Documentos de la Cuarta Internacional), *op. cit.*, pág. 24.

67. León Trotsky, "La revolución española y los peligros que la amenazan", en *España, 1930–36* (Madrid: Akal Editor, 1977), primero de dos tomos sobre la revolución española, págs. 79–103.

68. León Trotsky, "La situación política en China y las tareas de la Oposición bolchevique-leninista", en *Escritos: Tomo I, 1929–30* (Bogotá: Editorial Pluma, 1977), volumen 1, pág. 201.

69. León Trotsky, "Por una estrategia para la acción, no para la especulación", en *La segunda revolución china*, *op.cit.*, págs. 131–42.

70. León Trotsky, "Sobre la declaración de los oposicionistas indochinos", en *Escritos: Tomo II, 1930–31* (Bogotá: Editorial Pluma, 1977), volumen 1, págs. 39–45.

71. León Trotsky, "Sobre las tesis sudafricanas", en *Escritos: Tomo VI, 1934–35* (Bogotá: Editorial Pluma, 1977), volumen 2, págs. 380–90.

72. Para una presentación más completa de las cuestiones políticas y teóricas planteadas por Mandel en este sentido, ver Doug Jenness, Ernest Mandel, *Bolshevism and the Russian Revolution: A Debate* (Bolchevismo y la Revolución Rusa: un debate; Nueva York: Pathfinder Press, 1983).

73. George Breitman, *How a Minority Can Change Society* (Cómo una minoría puede cambiar a la sociedad; Nueva York: Pathfinder Press, 1971), pág. 25.

74. *La dialéctica actual de la revolución mundial* (Nueva York: Pathfinder Press, 1975), pág. 17.

75. Ver Joseph Hansen, *The Workers and Farmers Government* (El gobierno de trabajadores y agricultores; Nueva York: Pathfinder, 1974).

76. Jack Barnes, "El viraje y la construcción de un movimiento comunista mundial", en Barnes, *El rostro cambiante de la política en Estados Unidos* (Nueva York: Pathfinder Press, 1999), págs. 276–301 [2011 impresión].

77. La resolución "La revolución socialista y la lucha de liberación de la mujer" se publica en *Women's Liberation and the Line of March of the Working Class: Part I* (La liberación de la mujer y la línea de marcha de la clase trabajadora: Parte I; Nueva York: Pathfinder Press, 1992). La resolución había sido previamente aprobada por el congreso de agosto de 1979 del Partido Socialista de los Trabajadores. El informe sobre la resolución presentado por Mary-Alice Waters y aprobado por ese congreso se incluye en la colección arriba indicada, y en español en "XIo Congreso de la Cuarta Internacional" (Madrid: Inprecor, 1979). Waters fue también quien presentó el informe sobre la resolución en el Congreso Mundial más tarde ese año.

78. El informe y la resolución sobre Nicaragua sometidos por el Partido Socialista de los Trabajadores ante el Congreso Mundial de 1979 se publican en el número 3 de *Nueva Internacional*, págs. 77–152. Otros informes y resoluciones de ese congreso se pueden encontrar en "XIo Congreso de la Cuarta Internacional".

79. Las guías de estudio para los escritos de V.I. Lenin se encuentran en *Two Study Guides on Lenin's Writings* (Dos guías de estudio para los escritos de Lenin; Nueva York: Pathfinder Press, 1988).

80. Además de los títulos ya citados, una de las mejores fuentes es V.I. Lenin, *Discursos pronunciados en los congresos de la Inter-*

nacional Comunista (Moscú: Editorial Progreso, 1972). También, desde que se dio esta charla en 1982, la editorial Pathfinder ha publicado seis tomos bajo una serie titulada "The Communist International in Lenin's Time" (La Internacional Comunista en la época de Lenin), que incluye los documentos de los dos primeros congresos de la Internacional Comunista, que se encuentran en *Founding the Communist International* (Fundando la Internacional Comunista) y en los dos tomos de *Workers of the World and Oppressed Peoples, Unite!* (¡Trabajadores del mundo y pueblos oprimidos, uníos!)

81. V.I. Lenin, "Las tareas del proletariado en nuestra revolución", en *Obras completas,* tomo 31, pág. 190.

ÍNDICE

Adams, Sam, 68
Agraria, cuestión, 50–51, 75–76, 83–84, 160
 en Cuba, 42–43
 Trotsky sobre la, 38, 101, 111–12, 120–21, 144–45, 149–51, 153–55
Alemania, 82, 119–20, 126, 169, 171
Alianza de la Juventud Socialista (AJS), 11, 68–69
Allende, Salvador, 50
Anthony, Susan B., 68
Argelia, 18–19, 141, 156, 159

Ben Bella, Ahmed, 19
Bishop, Maurice, 13, 29–30
Bloque de Agosto, 101
Breitman, George, 157–58
Brest-Litovsk, Tratado de, 107
Bujarin, Nicolás, 35, 70, 83, 85–86, 89, 109–10, 134, 155
Burkina Faso, 13
Bush, George W., 30–31

Campesinado
 Lenin acerca del, 93–94, 96–98, 106, 130–32
 la Oposición Unida acerca del, 85–88
 Stalin acerca del, 83–84
 Trotsky acerca del, 91–92, 94–95, 106, 111–14, 130–31, 140–42, 150–51, 153–55
Cannon, James P., 20, 27, 31–32, 40, 115, 169
Castro, Fidel, 13, 42, 45–46, 115–16
Centroamérica y el Caribe, 12–13, 60–62, 71, 73, 168, 171, 180
 campaña bélica de Washington en, 33–34
Chiang Kai-shek, 113, 145
Chile, 49–50
CIA (Agencia Central de Inteligencia), 12
Colonial, cuestión, 61, 72–77, 83–84, 158, 160
 Lenin acerca de la, 134–35, 176–77
 Trotsky acerca de la, 86–88, 103–4, 113–14, 120–21, 143–45, 148–51, 153–54
Comintern. *Ver* Internacional Comunista; Tercera Internacional
Comuna de París, 58, 171
Comunismo
 reconquistando el nombre, 178–81
Comunismo de guerra, 114
Comunista, movimiento
 fundación, 14
Corea, 71, 147

193

Cuarta Internacional, 21, 59, 120–22, 128, 142, 147–48, 156–57, 159, 174
  y las luchas de liberación nacional, 124–25
  y la preservación de la continuidad comunista, 19–20, 168–70
  y la proletarización, 125–26, 165–68
  y la revolución nicaragüense, 167
Cuba, 33–32, 42–43, 48–51, 54–57, 68, 71, 79, 141, 146–47, 156, 173, 181
Cuba y la revolución norteamericana que viene (Barnes), 10
Desorden mundial del capitalismo, El (Barnes), 10, 25
Dictadura del proletariado, 142, 167–68
  y la Comintern, 70, 76–78
  y las contribuciones de Marx, 65
  y la Revolución Cubana, 42–44
  y la Revolución Rusa, 69
  y las tareas democráticas y socialistas, 144–45
Dictadura democrática revolucionaria del proletariado y el campesinado, 92–94, 109–11, 131–35, 148, 154–55, 174
  puntos de vista de Trotsky a finales de la década de 1920 y en la de 1930, 109–12, 128–34, 138–39, 140–43
  puntos de vista de Trotsky y la Oposición Unida, 86–88, 108–10, 134–35
  puntos de vista de Trotsky previos a revolución de 1917, 91–93

Dobbs, Farrell, 11, 16–17, 19–20, 31–32
Dynamics of the Cuban Revolution (Dinámica de la Revolución Cubana; Hansen), 17–18
Ejército Rojo, 129
El Salvador, 33–34, 44, 49–52, 56–57, 67, 164
Engels, Federico, 14, 32, 37, 57–61, 69, 167, 171–74, 178
  sobre el comunismo como un movimiento, 63–64
  sobre la revolución democrática en Rusia, 75
Escuela de dirección (PST), 14
España, 120, 126, 169
Estados obreros, 18–19, 29, 67, 71, 79, 122–23, 132, 140–41, 146–47, 150, 160, 168, 181
Estalinismo, 27, 29, 67, 108, 128, 148
  su campaña contra el "trotskismo", 107–8
  y la revolución china, 83–88, 134, 145, 177
  sobre la revolución ininterrumpida, 158
  como segunda ola del menchevismo, 36–37
  Ver también Stalin, José
Europa oriental, 71
Francia, 139, 169
Frank, Pierre, 120, 156–57, 159
Frente Farabundo Martí para la Liberación Nacional (FMLN), 17, 33–35, 49
  Ver también Revolución salvadoreña
Frente Popular, 169
Frente Sandinista de Liberación

Nacional (FSLN), 17, 29–30, 35, 48, 164
  Ver también Revolución nicaragüense
Gobierno de trabajadores y agricultores, 21, 47–48, 52–53, 61–62, 137–61, 181
  como alianza de las clases explotadas, 22, 81
  como antesala a la dictadura del proletariado, 13–14, 17–19, 113–14, 139–141, 159–61
  en Argelia, 18–19, 156, 159
  como consigna de transición, 159–61
  en Cuba, 17–19, 78–79, 156
  en Granada, 12, 29, 78–79, 146, 156
  lecciones de la Internacional Comunista, 69–71, 77–79, 137–38
  lecciones de la Rusia soviética, 78–81
  lecciones de las revoluciones posteriores a la Segunda Guerra Mundial, 78–79, 141
  en Nicaragua, 12, 29, 79, 146, 156–57, 167
  y la revolución anticapitalista, 17–19, 160–61
  en Yugoslavia, 18, 141
Granada, 17–18
Guatemala, 44
Guerra Mundial, Primera, 66, 103–4
Guerra Mundial, Segunda, 39, 67, 116, 123, 126, 137, 140–41, 170
Guevara, Ernesto Che, 13, 44

Handal, Schafik Jorge, 49–60, 76, 143, 146, 159, 177
  sobre Chile, 50–51
  acerca de que Cuba no es excepción, 51–52
  sobre la lucha por el poder, 49–50, 53–54
  Ver también Revolución salvadoreña
Hansen, Joseph, 17–20, 31–32, 141
Heijenoort, Jean Van, 120, 125–28
Helphand, Alejandro (Parvus), 91
Historia del trotskismo americano, 1928–38, La (Cannon), 10, 20, 27
Hitler, Adolfo, 20

Indochina, 150–51
Internacional, nueva, 20, 22, 62, 119–22, 181

Internacional Comunista, 47, 106–7, 116–17, 124–25, 154–55, 163, 167, 173, 177
  continuidad política con los primeros cuatro congresos, 14–15, 20, 35, 40, 66–67, 69–72, 117, 120–21, 134–35, 174–75
  su estrategia de transición, 75–79
  sobre los gobiernos de trabajadores y agricultores, 78–79
  sobre la lucha por el poder, 58–59
  lecciones para hoy, 69–70
  sobre el partido y las organizaciones militares, 56
  y las revoluciones en las naciones oprimidas, 73–76, 176
  visión integrada de la revolución mundial, 71–74

Ver también Tercera
Internacional
Internacionalistas Mencheviques,
101
Internacional Socialista, 100–101,
103
Ver también Segunda
Internacional
Iraq
guerra de Washington contra,
23–24, 31
Irlanda, 104–6

James P. Cannon: The
Internationalist (James P.
Cannon El Internacionalista;
Hansen), 32
Juventud Socialista (JS), 23–24,
27

Kámenev, León, 85, 87–89, 108–
9, 155
Kerry, Tom, 158
Kuomintang, 83–86, 88, 109, 111,
116, 145

Lenin, Vladimir I., 50, 60–61, 70,
75, 175–77
sobre la autodeterminación de
las nacionalidades oprimidas,
103
sobre la construcción de un
movimiento comunista
mundial, 73
y la continuidad comunista, 14–
15, 17, 32, 170, 178–80
sobre la cuestión colonial, 60–
61
sobre el derrotismo
revolucionario en la Primera
Guerra Mundial, 102
sobre la dictadura democrática
revolucionaria, 92–94, 131–35

sobre sus diferencias con
Trotsky previas a 1917, 95–
106
sobre dirigir la Internacional
Comunista en sus comienzos,
35
sobre la Insurrección de Pascua
(1916) en Irlanda, 104–106
sobre la lucha contra los
ultraizquierdistas, 47
sobre la NEP, 80–81
"no hubo mejor bolchevique"
que Trotsky, 163
sobre el papel del campesinado,
93–98
sobre el papel de la teoría
revolucionaria, 65–66
sobre la "revolución
ininterrumpida", 37
sobre los soviets, 134–35
Liberación nacional, luchas de
Irlanda, 104–6
negros y chicanos en Estados
Unidos, 12, 60
quebequense, 60
Ver también Internacional
Comunista
Liebknecht, Carlos, 100
Liga Comunista de América (CLA),
121
Liga de los Comunistas (1848), 63
Lunacharsky, Anatoly, 101
Luxemburgo, Rosa, 100–101, 103,
117, 166

Maceo, Antonio, 68
Malcolm X, 12, 69
Mandel, Ernest, 156, 159
Manifiesto Comunista, 57–58, 64,
77, 125, 179
Mao Zedong, 158
Martí, José, 68

Mártov, Julio, 101
Marx, Carlos, 37, 57–61, 67, 167, 171–72, 178
 continuidad política con, 14, 32, 63–65
 sobre la guerra campesina, 93–94
 su legado programático, 69
 sobre la revolución en Rusia, 75
Mezhrayontsi, 163
Militant, The, 13
Montané, Jesús, 44–46, 59–60, 146, 159
 Ver también Partido Comunista de Cuba
Movimiento de la Nueva Joya, 17, 29, 33–35, 48–49, 164
 Ver también Granada; Bishop, Maurice
Movimiento 26 de Julio, 163, 180

Nacionalsocialistas (Alemania), 20
Nashe Slovo (Nuestra Palabra), 95, 101, 106
Nicaragua, 33–35, 44, 48–51, 57, 156–57, 167, 173
Nueva Política Económica (NEP), 80–81, 114

Oposición de Izquierda Internacional, 121, 127, 142, 145, 149–52
Oposición Unida, 89, 108, 115
 sobre la revolución china, 85–90, 109–10, 134

Partido Bolchevique, 14, 38–39, 43, 54, 61, 66, 86, 97–102, 117, 119, 128, 130–31, 156–57, 169, 174, 178–79
Partido Comunista Alemán, 20

Partido Comunista Chino, 139
Partido Comunista de Cuba, 17, 33–35, 163, 180
 y el "castrismo", 61
 y el internacionalismo proletario, 34–35
 sobre el llamado para un frente único antiimperialista, 46
 sobre las luchas de clases y nacionales, 44–45
 programa de fundación (1975) del, 41–44, 59, 115–16
 sobre la revolución democrática y socialista, 45
 sobre las luchas políticas y militares, 48
Partido Comunista de El Salvador, 49–52
 su curso político histórico, 54–55
 el papel de las comisiones militares, 54–55
Partido Comunista de la Unión Soviética, 82–83, 89, 116, 169, 178
Partido Comunista Ruso, 69, 83–84, 106–7, 134–35
 bajo Lenin, 35–36
Partido Menchevique, 38, 43, 99–100, 139
Partido Nacionalista Chino. *Ver* Kuomintang
Partido Socialista de los Trabajadores, 21–22, 24–25, 30, 32, 115, 121, 153, 157, 169–74, 177–78, 180–81
 su aporte a la convergencia política, 35–36
 y el estudio de los escritos de Lenin, 14–15, 171–72
 su posición acerca del gobierno de trabajadores y agricultores, 18–19, 21–23, 137–41, 159–61

responde a resistencia obrera, 24–27
su viraje a la industria, 11–16, 22–24, 28, 165–66
Perspectiva Mundial, 13
Piñeiro, Manuel, 46–48, 55–56, 59–60, 146, 159
Ver también Partido Comunista de Cuba
Primera Internacional, 171
Programa de Transición, 59, 122, 138, 140–41, 148, 153, 164
en la Revolución Rusa, 77–78
Rádek, Carlos, 35, 70, 155
Revolución china, 55, 71, 83–88, 144, 149–50
cambio en el enfoque de Trotsky hacia, 87–90, 108–15, 130–31
en 1949, 113
papel del campesinado en la, 18, 86–87, 112
y el papel de los soviets, 84, 86
política de Stalin hacia, 83–85, 177
Revolución Cubana, 12, 30, 51–52, 63, 67
y dictadura democrática revolucionaria, 43
sobre dirigir a los trabajadores y campesinos al poder, 52–53
y el renacer del comunismo, 164
y revolución agraria, 42–43
Ver también Movimiento 26 de Julio; Partido Comunista de Cuba
Revolución granadina, 12, 17–18, 29–30, 33–35, 44, 48–49, 61–62, 63, 67, 156–57, 164, 173
Revolución iraní, 12–13
Revolución nicaragüense, 12, 17, 29–30, 52–54, 61

y continuidad revolucionaria, 63, 66–68, 164
Revolución permanente, 91, 98, 175
en el campo revolucionario, 99–100
y la continuidad comunista, 158–59, 169–74
su defensa por Trotsky en la década de 1930, 129–30
sus diversos significados, 154–59
y la fundación de la Cuarta Internacional, 154–55
y el papel del campesinado, 38–40, 96–98, 106, 169–70
y las posiciones sectarias ultraizquierdistas, 38–40, 146–47
como revolución ininterrumpida, 37, 158
Revolución Rusa, 19–21, 66–67, 72, 91–117, 129–31, 163, 170, 173, 181
concepción bolchevique de las fuerzas de clase en la, 96–98
la óptica de Trotsky antes de 1917, 91–92
Revolución salvadoreña, 12, 29, 60–62, 63, 67
Revolutionary Continuity: Marxist Leadership in the U.S. (Continuidad revolucionaria: liderazgo marxista en Estados Unidos; Dobbs), 16–17
Rodríguez, Carlos Rafael, 60–61, 176–77
Rostro cambiante de la política en Estados Unidos, El (Barnes), 25, 27

Sankara, Thomas, 13
Segunda Internacional, 66, 100, 179

sus apologías del colonialismo,
    72
  programas mínimo y máximo,
    76–77
  Ver también Internacional
    Socialista
Shanghai, 84–85
Socialistas Revolucionarios, 139
Socialistas Revolucionarios de
  Izquierda, 114
Spector, Maurice, 115
Stalin, José, 86–87, 89, 107–8
  sobre la consigna del gobierno
    de trabajadores y agricultores,
    138–39
  da contenido oportunista a los
    conceptos de Lenin, 109–10
  su uso de la consigna de
    la dictadura democrática
    revolucionaria, 142–43
  Ver también Estalinismo
Sudáfrica, 152

Tercera Internacional, 67, 100, 180
  Ver también Internacional
    Comunista
"Tercer Período" estalinista, 149
Transición
  del capitalismo al socialismo, 81
  entre revolución democrática y
    socialista, 38, 43–44, 47–48,
    77–78
Trotskismo, 98
  como el renacer del marxismo
    genuino, 20, 40
Trotskistas, 21, 146–48, 180
Trotsky, León, 35, 37–39, 70, 87,
    119
  su actitud hacia el campesinado,
    92–96, 106, 129–30, 151
  su actitud hacia la Primera
    Guerra Mundial, 100, 102–3
  sobre la autodeterminación de
    los negros, 124–25
  sobre las consignas
    democráticas y de transición,
    151–54
  y la continuidad comunista, 20,
    32, 66–69, 116–17, 129–30,
    154–55, 172–75, 178
  sus contribuciones políticas en
    la década de 1930, 169–70
  sobre la corrección de errores
    políticos izquierdistas, 148–54
  sobre la defensa del estado
    obrero en Rusia, 123–24
  sobre la dictadura democrática
    revolucionaria del
    proletariado y el campesinado,
    86–88, 91–94, 108–11, 129–
    33, 138–39, 141–42
  sobre la dictadura del
    proletariado, 143–45
  sobre las diferencias con Lenin
    previas a 1917, 37–39, 91–99
  como dirigente de la oposición
    bolchevique, 15, 36, 82–83
  sobre Indochina, 150–52
  sobre la Insurrección de Pascua
    (1916) en Irlanda, 104
  sobre las luchas de liberación
    nacional, 103–4, 124–25,
    150–54
  sobre la NEP, 80–81
  su posición centrista en
    Zimmerwald, 103
  y el programa de transición, 59
  sobre la proletarización, 125–
    26, 165–66, 169–70
  sus puntos de vista centristas
    tempranos, 98, 107–8
  sus puntos de vista en la década
    de 1930 sobre la consigna del
    gobierno de trabajadores y
    agricultores, 138–41
  sobre la revolución china, 83,
    87–90, 111–14, 143–44, 149–
    50, 177

sobre Sudáfrica, 152
sobre los tres sectores de la revolución mundial, 122–23
Truth, Sojourner, 68

Vietnam, 55, 71, 147, 150
guerra de, 12

Waters, Mary-Alice, 16, 25

Wright, John G., 133
Wuhan, 85

Yugoslavia, 18

Zimmerwald, conferencia de (1915), 103
Zinóviev, Gregorio, 35, 70, 85, 87–89, 108–9, 155, 177

US$12   US$20

US$15

Tres libros para ser leídos como uno ...

sobre la construcción de un partido que es proletario en su programa, composición y conducta. Que reconoce, con palabras y acciones, el hecho más revolucionario de esta época ...

... que los trabajadores tenemos el poder de crear un mundo diferente cuando actuamos juntos para defender nuestros intereses, no los de la clase que se enriquece explotando nuestra mano de obra, ni los de los que nos temen como "deplorables", "delincuentes" o simplemente "basura".

Al avanzar por un rumbo revolucionario hacia el poder obrero, vamos a transformarnos y descubrir nuestro valor. También en inglés y francés.

¡Oferta especial!
El paquete de tres por US$30

El viraje a la industria junto con *Los tribunos del pueblo y los sindicatos*   US$20

Cualquiera de estos dos libros junto con *Malcolm X, la liberación de los negros y el camino al poder obrero*   US$25

WWW.PATHFINDERPRESS.COM

LA REVOLUCIÓN RUSA Y LA LUCHA CONTRA LA OPRESIÓN NACIONAL

La última lucha de Lenin
Discursos y escritos, 1922–23
V.I. LENIN

En 1922 y 1923, V.I. Lenin, dirigente central de la primera revolución socialista, libró su última batalla política, lucha que tras su muerte se perdió. Lo que estaba en juego era si esa revolución, y el movimiento comunista internacional que esta dirigía, mantendría el curso proletario que había llevado al poder a los trabajadores y campesinos en octubre de 1917. US$17. También en inglés, persa y griego.

La revolución traicionada
¿Qué es y adónde va la Unión Soviética?
LEÓN TROTSKY

En 1917 los trabajadores y campesinos de Rusia hicieron una de las revoluciones más profundas de la historia. Sin embargo, al cabo de 10 años, una capa social privilegiada, cuyo principal vocero era José Stalin, ya consolidaba una contrarrevolución política. Este estudio ilumina el origen del desmoronamiento de la burocracia soviética y los conflictos que se van agudizando en las ex repúblicas de la Unión Soviética. US$17. También en inglés, persa y griego.

La alianza de la clase obrera y del campesinado
V.I. LENIN

Desde los primeros años del movimiento marxista en Rusia, Lenin luchó para forjar una alianza obrero-campesina, necesaria para desarrollar una dirección proletaria para la revolución democrática y así poder iniciar la revolución socialista. US$17.95

The History of the Russian Revolution

(La historia de la Revolución Rusa)

LEÓN TROTSKY

Cómo el Partido Bolchevique, bajo el liderazgo de Lenin, dirigió a millones de trabajadores y campesinos a derrocar el poder estatal de los latifundistas y capitalistas en 1917, y a llevar al poder un gobierno que promovía sus propios intereses de clase a nivel nacional y mundial. Escrito por uno de los dirigentes centrales de esa revolución socialista. Edición completa en inglés, 3 tomos en uno. US$30. También en francés y ruso.

To See the Dawn

Baku, 1920—First Congress of the Peoples of the East

(Para ver el amanecer. Bakú, 1920: Primer Congreso de los Pueblos de Oriente)

¿Cómo pueden librarse de la explotación imperialista los campesinos y trabajadores del mundo colonial? ¿Cómo pueden superar las divisiones nacionales, religiosas y de otra índole atizadas por las clases dominantes y luchar por sus intereses de clase comunes? Conforme resonaba el ejemplo de la Revolución de Octubre por el mundo, los 2 mil delegados a este congreso debatían estos problemas. En inglés. US$17

Lenin's Struggle for a Revolutionary International

Documents, 1907–1916; The Preparatory Years

(La lucha de Lenin por una Internacional revolucionaria; Documentos, 1907–1916: Los años preparatorios)

En inglés. US$30

WWW.PATHFINDERPRESS.COM

LA CRISIS CAPITALISTA Y LA LUCHA POR EL PODER OBRERO

¿Son ricos porque son inteligentes?
Clase, privilegio y aprendizaje en el capitalismo
JACK BARNES

Expone las crecientes desigualdades de clase en EEUU y las justificaciones de las capas profesionales bien remuneradas que creen que su "brillantez" los califica para "regular" a los trabajadores, quienes supuestamente no sabemos lo que nos conviene. US$10. También en inglés, francés, persa y árabe.

En defensa de la clase trabajadora norteamericana
MARY-ALICE WATERS

Basándose en las mejores tradiciones combativas de trabajadores de todos los colores de piel y orígenes nacionales, decenas de miles de trabajadores en Virginia del Oeste, Oklahoma, Florida y otros estados libraron huelgas victoriosas en 2018 y restauraron el derecho a votar para ex presos. Los que Hillary Clinton tacha de "deplorables" han comenzado a resistir. US$7. También en inglés, francés, persa y griego.

¿Es posible una revolución socialista en Estados Unidos?
Un debate necesario entre el pueblo trabajador
MARY-ALICE WATERS

Un rotundo "sí" es la respuesta que se presenta aquí. Posible, pero no inevitable. Eso depende de lo que haga el pueblo trabajador. US$7. También en inglés, francés y persa.

La cuestión judía
Una interpretación marxista
ABRAM LEON

¿Por qué sigue alzando la cabeza el odio antijudío? ¿Cuáles son sus raíces de clase, desde la antigüedad y el feudalismo hasta el ascenso del capitalismo y sus crisis actuales? ¿Por qué no hay solución a la cuestión judía bajo el capitalismo? El autor, Abram Leon, fue asesinado en las cámaras de gas de los nazis. Contiene 40 páginas de ilustraciones y mapas. US$17. También en inglés y francés.

Transitional Program for Socialist Revolution
(El programa de transición para la revolución socialista)
LEÓN TROTSKY

El programa del Partido Socialista de los Trabajadores, redactado por Trotsky en 1938, sigue guiando al PST y a comunistas por todo el mundo. El partido "combate intransigentemente a todas las agrupaciones políticas que están atadas a las faldas de la burguesía. Su tarea: la abolición del dominio capitalista. Su objetivo: el socialismo. Su método: la revolución proletaria". En inglés y persa. US$17

Malcolm X habla a la juventud

"La joven generación de blancos, negros, morenos y demás: ustedes viven en tiempos de revolución", dijo Malcolm X en diciembre de 1964. "Yo me sumaré a quien sea, no me importa de qué color seas, siempre que quieras cambiar la condición miserable que existe en este mundo". Cuatro charlas y entrevistas que Malcolm dio en los últimos meses de su vida. US$12. También en inglés, francés, persa y griego.

WWW.PATHFINDERPRESS.COM

LA REVOLUCIÓN CUBANA Y SU IMPACTO, DE ÁFRICA A EEUU

Zona Roja
Cuba y la batalla contra el ébola en África Occidental
ENRIQUE UBIETA GÓMEZ

Cuando tres naciones africanas fueron asoladas en 2014–15 por una epidemia de ébola, el gobierno revolucionario de Cuba brindó lo que ningún otro país intentó aportar: más de 250 médicos, enfermeros y especialistas de salud pública voluntarios. Este recuento testimonial de sus actividades demuestra el tipo de hombres y mujeres que solo una revolución socialista puede producir. US$17. También en inglés y francés.

¡Qué lejos hemos llegado los esclavos!
Sudáfrica y Cuba en el mundo de hoy
NELSON MANDELA, FIDEL CASTRO

Mandela y Castro, hablando juntos en Cuba en 1991, abordan el papel decisivo de Cuba en la historia africana y la victoria en Angola contra el ejército invasor sudafricano, y cómo impulsó la lucha que derrocó el sistema racista del apartheid. US$7. También en inglés y persa.

De la sierra del Escambray al Congo
En la vorágine de la Revolución Cubana
VÍCTOR DREKE

Dreke, segundo al mando de la columna internacionalista dirigida por Che Guevara en el Congo en 1965, describe el júbilo creativo con que el pueblo trabajador ha defendido su trayectoria revolucionaria: desde la sierra del Escambray hasta África y más allá. US$15. También en inglés.

Cuba y Angola: La guerra por la libertad
HARRY VILLEGAS ("POMBO")

Cuba y Angola
Luchando por la libertad de África y la nuestra

FIDEL CASTRO, RAÚL CASTRO, NELSON MANDELA

Dos libros que narran la historia del inédito aporte que Cuba hizo a la lucha para liberar a África del flagelo del apartheid. Y de cómo, al hacerlo, la revolución socialista en Cuba se vio fortalecida. US$10 y US$12. También en inglés. *Cuba y Angola: La guerra por la libertad* está disponible en persa y griego.

October 1962
The 'Missile' Crisis as Seen from Cuba
(Octubre de 1962: La crisis de los 'misiles' vista desde Cuba)

TOMÁS DIEZ ACOSTA

En octubre de 1962, Washington llevó al mundo al borde de una guerra nuclear. Un relato a fondo de ese momento histórico desde la perspectiva del pueblo cubano, cuya disposición de defender su soberanía y su revolución socialista frenó los planes de Washington de lanzar un ataque militar devastador. En inglés. US$17

Cuba y la revolución norteamericana que viene
JACK BARNES

Sobre las luchas del pueblo trabajador en el corazón del imperialismo, sobre los jóvenes atraídos a ellas y el ejemplo del pueblo cubano, el cual muestra que una revolución no solo es necesaria: se puede hacer. Trata sobre la lucha de clases en Estados Unidos, donde hoy las fuerzas dominantes descartan las capacidades revolucionarias de los trabajadores y agricultores tan rotundamente como descartaron las del pueblo trabajador cubano. Y de forma igualmente errada. US$10. También en inglés, francés y persa.

WWW.PATHFINDERPRESS.COM

'LA HISTORIA DE LA SOCIEDAD EXISTENTE ES LA HISTORIA DE LAS LUCHAS DE CLASES'

El trabajo, la naturaleza y la evolución de la humanidad
La visión larga de la historia
FREDERICO ENGELS, CARLOS MARX, GEORGE NOVACK, MARY-ALICE WATERS

¿Por qué es importante saber que el trabajo social, al transformar la naturaleza, ha sido la fuerza motriz de la evolución de la humanidad durante millones de años? Es porque sin ese conocimiento, el pueblo trabajador será incapaz de ver más allá de la época capitalista, más allá de la explotación de clase que deforma todas las relaciones humanas, las ideas y los valores. La dictadura del capital tuvo su comienzo… y tendrá su fin. Pero solo la conquista revolucionaria del poder estatal por la clase obrera puede abrir paso a un mundo libre de la despiadada realidad social del capitalismo. Un mundo basado en la solidaridad humana. Un mundo socialista. US$12. También en inglés y francés.

La evolución de la mujer
Del clan matriarcal a la familia patriarcal
EVELYN REED

Un viaje desde la prehistoria hasta la sociedad de clases que revela los aportes de la mujer, aún muy desconocidos, a la civilización. Reed señala los factores históricos que llevaron a la discriminación generalizada de la mujer como sexo. Ofrece perspectivas frescas sobre la lucha contra su opresión y por la liberación de la humanidad. US$25. También en inglés, persa e indonesio.

Nueva Internacional
UNA REVISTA DE POLÍTICA Y TEORÍA MARXISTAS

NUEVA INTERNACIONAL N°. 6
Ha comenzado el invierno largo y caliente del capitalismo
JACK BARNES

Explica que la crisis capitalista global de hoy es la etapa inicial de décadas de convulsiones económicas, financieras y sociales y de batallas de clases. Los trabajadores con conciencia de clase necesitamos trazar un curso revolucionario para afrontar esta coyuntura histórica del imperialismo. US$14. También en inglés, francés, persa, árabe y griego.

NUEVA INTERNACIONAL N°. 7
Nuestra política empieza con el mundo
JACK BARNES

Las enormes desigualdades entre los países imperialistas y semicoloniales, y entre las clases dentro de cada uno, son acentuadas por el mismo capitalismo. Para forjar partidos capaces de dirigir una exitosa lucha revolucionaria por el poder en nuestros propios países, los trabajadores de vanguardia debemos guiarnos por una estrategia para cerrar esta brecha. US$14. También en inglés, francés, persa y griego.

NUEVA INTERNACIONAL N°. 5
El imperialismo norteamericano ha perdido la Guerra Fría
JACK BARNES

El colapso de los regímenes en Europa Oriental y la URSS, que se autodenominaban comunistas, no significó que los trabajadores y agricultores ahí fueron derrotados. En los actuales conflictos y guerras capitalistas, estos trabajadores se han sumado a otros en el mundo en la lucha de clases contra la explotación. US$14. También en inglés, francés, persa y griego.

WWW.PATHFINDERPRESS.COM

MÁS LECTURA

El Manifiesto Comunista
CARLOS MARX Y FEDERICO ENGELS

El comunismo, según explican los dirigentes fundadores del movimiento obrero revolucionario, no es un conjunto de ideas o "principios" preconcebidos sino el camino de la clase obrera hacia el poder, que surge de un "movimiento que se desarrolla ante nuestros ojos". US$5. También en inglés, francés, persa y árabe.

Revolutionary Continuity
Marxist Leadership in the United States
(Continuidad revolucionaria: Liderazgo marxista en EEUU)

FARRELL DOBBS

En dos tomos: *Los primeros años, 1848–1917*; y *Nacimiento del movimiento comunista, 1918–1922*

En inglés. US$17 cada uno.

"Generaciones sucesivas de revolucionarios proletarios han participado en los movimientos de la clase trabajadora y sus aliados… Los marxistas de hoy no solo debemos rendirles homenaje por sus acciones. Tenemos el deber de aprender de lo que hicieron mal y lo que hicieron bien para no repetir sus errores". —Farrell Dobbs

La lucha por un partido proletario
JAMES P. CANNON

"Los trabajadores de Estados Unidos tienen fuerza suficiente para tumbar la estructura del capitalismo aquí en este país y para levantar con ellos al mundo entero cuando se yergan". Folleto de la serie Educación para Socialistas. US$8. También en inglés y persa.

La historia del trotskismo americano, 1928–38
Informe de un partícipe
JAMES P. CANNON

"El trotskismo no es un nuevo movimiento, una nueva doctrina, sino la restauración, el renacimiento del marxismo genuino tal como se expuso y se practicó en la Revolución Rusa y en los primeros días de la Internacional Comunista", dice Cannon, dirigente fundador del movimiento comunista en EEUU. US$17. También en inglés y francés.

En defensa del marxismo
Contra la oposición pequeñoburguesa en el Partido Socialista de los Trabajadores
LEÓN TROTSKY

Una respuesta a aquellos en el movimiento obrero revolucionario a fines de los años 30 que cedían ante el patriotismo burgués cuando Washington se aprestaba a ingresar a la II Guerra Mundial. Trotsky explica por qué solo un partido que luche por integrar a trabajadores a sus filas y dirección puede mantener un rumbo comunista. Trotsky defiende las bases materialistas y dialécticas del marxismo. US$17. También en inglés.

Rebelión Teamster
FARRELL DOBBS

Sobre las huelgas de 1934 que lograron la sindicalización de camioneros y trabajadores de depósitos en Minneapolis y allanaron el camino para el movimiento social obrero que forjó los sindicatos industriales. El primero de cuatro tomos narrados por un dirigente central de estas batallas. US$16. También en inglés, francés, persa y griego.

WWW.PATHFINDERPRESS.COM

PATHFINDER EN EL MUNDO

ESTADOS UNIDOS
(y América Latina, el Caribe y el este de Asia)
Pathfinder Books, 306 W. 37th St., 13⁰ piso
Nueva York, NY 10018

CANADÁ
Pathfinder Books, 7107 St. Denis, Suite 204
Montreal, QC H2S 2S5

REINO UNIDO
(y Europa, África, el Medio Oriente y el sur de Asia)
Pathfinder Books, 5 Norman Rd.
Seven Sisters, Londres N15 4ND

AUSTRALIA
(y el sureste de Asia y Oceanía)
Pathfinder Books, Suite 2, First floor, 275 George St.
Liverpool, Sydney, NSW 2170
Dirección Postal: P.O. Box 73, Campsie, NSW 2194

NUEVA ZELANDA
Pathfinder Books, 188a Onehunga Mall Rd.
Onehunga, Auckland 1061
Dirección Postal: P.O. Box 13857, Auckland 1643

ÚNASE AL CLUB DE LECTORES DE PATHFINDER
¡AMPLÍE SU BIBLIOTECA!

$10 POR AÑO
25% DESCUENTO EN TODOS LOS TÍTULOS
30% DESCUENTO EN LOS LIBROS DEL MES

Válido en pathfinderpress.com y los centros locales de libros Pathfinder

Visite: www.pathfinderpress.com/products/pathfinder-readers-club